www.ingramcontent.com/pod-product-compliance
Lightning Source LLC
LaVergne TN
LVHW050854051026
849532LV00006BA/2242
9788192422916

عرفانِ ادب

مرتب: صاحب علی

کتاب دار، ممبئی

نام کتاب : عرفانِ ادب
مرتب : صاحب علی
اشاعتِ اوّل : ۲۰۱۲ء
اشاعتِ دوم : ۲۰۱۵ء

ناشر : کتاب دار، جلال منزل، ٹیمکر اسٹریٹ، ممبئی - ۴۰۰۰۰۸

IRFAN-E-ADAB

Year of First Publication : 2012
Year of Second Publication: 2015
ISBN : 978-81-924229-1-6

Publisher : KITAB DAAR, 108/110, Jalal Manzil, Gr. Floor,
Temkar Street, Mumabi - 400 008,
Tel : 23411854 / 9869321477 / 9320113631
(پرتبک آفسیٹ پرنٹرس، گائے واڑی، ممبئی سے شائع ہوئی)

پیش لفظ

ممبئی یونیورسٹی نے تعلیمی سال 12-2011 سے Credit Based Grading System کا نفاذ کیا ہے۔ اب بی. اے. ڈگری کورس کی میعاد چھ سیمیسٹروں (Semesters) پر مشتمل ہوگی۔ چنانچہ ہر سیمیسٹر (Semester) میں ایک متعینہ کورس کی تکمیل لازمی ہے۔ پہلے سالانہ نتائج کی بنیاد پر طلبہ اگلی جماعت میں داخلہ لیتے تھے، اب شش ماہی امتحان کے نتیجے کی بنیاد پر آگے بڑھیں گے۔ اور انھیں فیصدی نشانات کی بجائے ہر مضمون میں حاصل کردہ مارکس کی بنیاد پر گریڈ دیا جائے گا۔ ہر مضمون میں تحریری امتحان کے لیے ساٹھ فیصدی مارکس ہیں۔ بقیہ چالیس فیصدی مارکس کے لیے ایک کلاس ٹیسٹ (بیس مارکس)، ایک اسائنمنٹ (دس مارکس)، طالب علم کی حاضری اور اس کا عمومی برتاو (پانچ مارکس) اور دورانِ تعلیم اُس کی عملی شرکت (پانچ مارکس) کو بنیاد بنایا گیا ہے۔ قدر پیمائی کے طریقے میں یہ تبدیلیاں کچھ خاص مقاصد کے حصول کو پیشِ نظر رکھتے ہوئے کی گئی ہیں۔ اُن میں اہم ترین مقصد یہ ہے کہ طالبِ علم پورے سال دل جمعی کے ساتھ مضمون کا مطالعہ کرے، اضافی مطالعہ اور اسائنمنٹ (Assignment) مکمل کرنے کے لیے لائبریری، انٹرنیٹ اور دیگر

ذرائع کا استعمال کرے اور اپنے علم میں اضافے کے لیے صرف نصابی کتابوں یا اپنے اساتذہ پر انحصار نہ کرے بلکہ اُس میں خود آموزی کا رجحان پیدا ہو اور وقت کے ساتھ اس میں ترقی ہوتی رہے۔

''عرفانِ ادب'' کے مشمولات کے انتخاب اور ان کی ترتیب میں بھی ان اہم نکات کو مدِّ نظر رکھا گیا ہے ایف۔وائے۔بی۔اے میں اردو (لازمی) کی تعلیم و تدریس کے لیے ترتیب دی گئی اس کتاب کا پہلا حصہ پہلے سیمیسٹر کے لئے اور دوسرا حصہ دوسرے سیمیسٹر کے لئے مختص ہے۔ دونوں حصّوں میں چار چار اکائیاں (Units) قایم کی گئی ہیں اور ہر اکائی میں کمیّت و کیفیت کو مدِّ نظر رکھتے ہوئے اسباقِ نثر و نظم شامل کیے گئے ہیں۔قدر پیمائی کے نئے تقاضوں کے تحت آنے والی تکنیکی باریکیوں کے علاوہ ایف.وائے.بی.اے کی سطح پر اردو زبان و ادب کی تعلیم و تدریس کے مقاصد بھی مرّتبین کے پیشِ نظر رہے ہیں۔اسی مناسبت سے نثری و شعری اسالیب و اصناف کا انتخاب کیا گیا ہے اور کوشش کی گئی ہے کہ طلبہ ہر صنفِ ادب کے نمائندہ فن کاروں اور فن پاروں سے واقف ہوسکیں۔

کسی نصابی کتاب کو مرتّب کرتے وقت جن حدود و قیود کا لحاظ کرنا پڑتا ہے، اس کتاب کی ترتیب میں بھی ان کا لحاظ کرنا پڑا ہے۔ بہر حال ہم نے یہ کوشش کی ہے کہ اس کتاب کے مطالعے کے بعد طلبہ کو اردو زبان و ادب سے خاطر خواہ واقفیت حاصل ہو سکے۔

مرتّبین

حصّہ اوّل

حصۂ نثر :

حصۂ نظم۔ غزلیات :

قصیدہ :

مثنوی :

نظمیں :

رُباعیات :

حصّہ دوم

حصۂ نثر :

حصۂ نظم۔ غزلیات :

مرثیہ:

نظمیں:

رُباعیات:

میر امن دہلوی

میر امن دہلوی کا نام میر امان اور تخلص امن تھا۔ ان کے حالات زندگی بیشتر تاریکی کے پردے میں گم ہیں۔ معلوم تحقیق کے مطابق صرف اتنا پتا چلتا ہے کہ ان کے بزرگ مغلوں کے عہد حکومت میں شاہ عالم گیر ثانی کے زمانے تک دربار شاہی سے وابستہ رہے۔ 1761ء میں احمد شاہ ابدالی نے شہر دہلی کو تاراج کر دیا اور سورج مل جاٹ نے ان کی موروثی جائداد پر قبضہ کرلیا تو میر امن دلی سے ہجرت کر کے عظیم آباد (پٹنہ، بہار) چلے آئے۔ کچھ عرصہ یہاں رہے لیکن روزگار کی کوئی صورت پیدا نہ ہوسکی تو یہاں سے کلکتہ چلے گئے۔ کلکتہ پہنچنے کے تقریباً دو برس بعد میر بہادر علی حسینی کے توسط سے جان گل کرسٹ تک رسائی حاصل ہوئی۔ 1800ء میں فورٹ ولیم کالج کے قیام کے کچھ دنوں بعد میر امن کالج کے مصنفین میں شامل کر لیے گئے۔ گل کرسٹ کی فرمائش پر باغ و بہار لکھی اور انھیں کی ہدایت کے مطابق اس کے لیے بول چال کی عام زبان اختیار کی۔ یہ کتاب 1802ء میں مکمل ہوئی۔ میر امن کے انتقال کی بابت بھی صحیح اطلاع نہیں ملتی۔ البتہ محققین قیاس کرتے ہیں کہ ان کا انتقال 1806ء کے بعد ہوا۔

'باغ و بہار' میر امن کا وہ کارنامہ ہے جو ان کے نام کو اردو ادب میں ہمیشہ زندہ رکھے گا۔ حالانکہ یہ ان کی طبع زاد تصنیف نہیں ہے اور فارسی کے ایک بہت مقبول قصے چہار درویش کا ترجمہ ہے لیکن اس کے باوجود اسے اس فنکاری سے لکھا گیا ہے کہ بالکل طبع زاد معلوم ہوتا ہے۔ یہ اردو نثر کی اولین شاہکار کتابوں میں سے ہے جس میں روانی اور سلاست وسادگی نے ایک اسلوب کی صورت اختیار کرلی۔

اردو نثر کے ارتقا میں تو باغ و بہار کو اہمیت حاصل ہے، اپنے اسلوب اور پیشکش کے اعتبار سے بھی یہ داستان منفرد و یکتا ہے۔

سیر پہلے درویش کی

پہلا درویش دوزانو ہو بیٹھا اور اپنی سیر کا قصّہ اس طرح سے کہنے لگا:

یا معبود اللہ! ذرا اِدھر متوجہ ہو اور ماجرا اِس بے سروپا کا سنو!

یہ سرگزشت میری ذرا کان دھر سنو! مجھ کو فلک نے کردیا زیروزبر سنو!

جو کچھ کہ پیش آئی ہے شدّت مرے تئیں اس کا بیان کرتا ہوں، تم سر بہ سر سنو!

اے یاراں! میری پیدائش اور وطن بزرگوں کا ملک یمن ہے۔ والد اس عاجز کا ملک التجار خواجہ احمد نام، بڑا سوداگر تھا۔ اس وقت میں کوئی مہاجن یا بیپاری ان کے برابر نہ تھا۔ اکثر شہروں میں کوٹھیاں اور گماشتے خرید وفروخت کے واسطے مقرر تھے اور لاکھوں روپے نقد اور جنس ملک ملک کی گھر میں موجود تھی۔ ان کے یہاں دو لڑکے پیدا ہوئے، ایک تو یہی فقیر، جو کفنی سِیلی ہوئی پہنے ہوئے مرشدوں کی حضوری میں حاضر اور بولتا ہے، دوسری ایک بہن جس کو قبلہ گاہ نے اپنے جیتے جی اور شہر کے سوداگر بچے سے شادی کردی تھی وہ اپنی سُسرال میں رہتی تھی۔

غرض جس کے گھر میں اتنی دولت اور ایک لڑکا ہو، اس کے لاڈ پیار کا کیا ٹھکانا ہے؟ مجھ فقیر نے بڑے چاؤ چُوز سے ماں باپ کے سائے میں پرورش پائی اور پڑھنا لکھنا سپاہ گری کا کسب و فن، سوداگری کا بہی کھاتا، روزنامہ، سیکھنے لگا۔ چودہ برس تک نہایت خوشی اور بے فکری میں گزرے کچھ دنیا کا اندیشہ دل میں نہ آیا۔ یک بہ یک ایک ہی سال میں والدین قضائے الٰہی سے مرے گئے۔

عجب طرح کا غم ہوا، جس کا بیان نہیں کرسکتا۔ ایک بارگی یتیم ہوگیا۔ کوئی سر پر بوڑھا نہ رہا۔ اس مصیبت ناگہانی سے رات دن رویا کرتا، کھانا پینا سب چھوٹ گیا۔ چالیس دن جوں توں کر کٹے، چہلم میں اپنے بیگانے چھوٹے بڑے جمع ہوئے۔ جب فاتحہ سے فراغت ہوئی، سب نے فقیر کو باپ کی پگڑی بندھوائی، اور سمجھایا: دنیا میں سب کے ماں باپ مرتے آئے ہیں، اور اپنے تئیں بھی ایک روز مرنا ہے۔ پس صبر کرو۔ اپنے گھر کو دیکھو۔ اب باپ کی جگہ تم سردار ہوئے، اپنے کاروبار، لین دین سے ہوشیار رہو۔ تسلّی دے کر وہ رخصت ہوئے۔ گماشتے، کاروباری نوکر چاکر جتنے تھے، آن کر حاضر ہوئے نذریں دیں اور بولے: کوٹھے نقد و جنس کے، اپنی نظرِ مبارک سے دیکھ لیجیے۔ ایک بارگی جو اس دولتِ بے انتہا پر نگاہ پڑی، آنکھیں کھل گئیں۔ دیوان خانے کی تیاری کو حکم کیا۔ فرّاشوں نے فرش و فروش بچھا کر، چھت، پردے، چلونیں تکلّف کی لگا دیں اور اچھے اچھے خدمت گار دیدارو نوکر رکھے، سرکار سے زرق برق کی پوشاکیں بنوا دیں۔ فقیر مسند پر تکیہ لگا کر بیٹھا۔ ویسے ہی آدمی غنڈے، پھانکڑے، مفت پر کھانے پینے والے، جھوٹھے خوشامدی، آکر آشنا ہوئے اور مصاحب بنے۔ ان سے آٹھ پہر صحبت رہنے لگی۔ ہر کہیں کی باتیں اور زٹلیں، واہی تباہی اِدھر اُدھر کی کرتے اور کہتے: اس جوانی کے عالم میں کیتکی کی شراب یا گُل گلاب کھنچوائیے، نازنین معشوقوں کو بلوا کر ان کے ساتھ پیجیے اور عیش کیجیے۔

غرض، آدمی کا شیطان آدمی ہے، ہر دم کے کہنے سننے سے اپنا بھی مزاج بہک گیا۔ شراب، ناچ اور جوئے کا چرچا شروع ہوا۔ پھر تو یہ نوبت پہنچی کہ سوداگری بھول کر تماش بینی کا اور دینے

لینے کا سودا ہوا۔ اپنے نوکر اور رفیقوں نے جب یہ غفلت دیکھی جو جس کے ہاتھ پڑا، الگ کیا۔ گویا لُوٹ مچادی۔ کچھ خبر نہ تھی، کتنا روپیہ خرچ ہوتا ہے، کہاں سے آیا اور کیدھر جاتا ہے؟ مالِ مفت دل بے رحم۔ اس زرخرچی کے آگے، اگر گنج قارون کا ہوتا، تو بھی وفا نہ کرتا۔ کئی برس کے عرصے میں ایک بارگی یہ حالت ہوئی کہ فقط ٹوپی اور لنگوٹی باقی رہی۔ وہ آشنا، (جو دانت کاٹی روٹی کھاتے تھے اور چمچا بھر خون اپنا ہر بات میں زبان سے نثار کرتے تھے) کافور ہو گئے۔ بلکہ راہ باٹ میں اگر کہیں بھینٹ ملاقات ہو جاتی، تو آنکھیں چُرا کر منہ پھیر لیتے۔ اور نوکر چاکر، خدمت گار، بہلیے، ڈھلَیت، خاص بردار، ثابت خانی، سب چھوڑ کر کنارے لگے، کوئی بات کا پوچھنے والا نہ رہا، جو کہے یہ کیا تمہارا حال ہوا؟ سوائے غم اور افسوس کے، کوئی رفیق نہ ٹھہرا۔

اب دمڑی کی ٹھڈّیاں میّسر نہیں، جو چبا کر پانی پیوں۔ دو تین فاقے کڑاکے کے کھینچے، تاب بھوک کی نہ لا سکا۔ لاچار، بے حیائی کا برقع منہ پر ڈال کر، یہ قصد کیا، بہن کے پاس چلیے۔ لیکن یہ شرم دل میں آتی تھی کہ قبلہ گاہ کی وفات کے بعد، نہ بہن سے کچھ سلوک کیا نہ خالی خط لکھا بلکہ اس نے دو ایک خط خطوط ماتم پُرسی اور اشتیاق کے جو لکھے ان کا بھی جواب اس خوابِ خرگوش میں نہ بھیجا۔ اس شرمندگی سے جی تو نہ چاہتا تھا، پر سوائے اُس گھر کے، اور کوئی ٹھکانہ نظر میں نہ ٹھہرا۔ جوں توں پاپیادہ، خالی ہاتھ گرتا پڑتا، ہزار محنت سے وہ کئی منزلیں کاٹ کر ہمشیر کے شہر میں جا کر، اس کے مکان پر پہنچا۔

وہ ماجائی، میرا یہ حال دیکھ کر، بلائیں لے اور گلے مل کر، بہت روئی۔ تیل ماش اور کالے ٹکے مجھ پر سے صدقے کیے، کہنے لگی: اگرچہ ملاقات سے دل بہت خوش ہوا۔ لیکن بھیّا! تیری یہ کیا صورت بنی؟ اس کا جواب میں کچھ نہ دے سکا۔ آنکھوں میں آنسو ڈبڈبا کر چپکا ہو رہا۔ بہن نے جلدی خاصی پوشاک سلوا کر، حمام میں بھیجا۔ نہا دھو کر وہ کپڑے پہنے۔ ایک مکان اپنے پاس بہت اچھا تکلف کا میرے رہنے کو مقرر کیا۔ صبح کو شربت اور لوزیات، حلوا سوہن، پستہ مغزی ناشتے کو۔ اور تیسرے پہر میوے خشک وتر، پھل پھلاری اور رات دن دونوں وقت پُلاؤ، نان،

قلیے، کباب تحفہ تحفہ مزے دار منگوا کر، اپنے روبہ رو کھلا کر جاتی۔ سب طرح خاطر داری کرتی۔ میں نے ویسی تصدیع کے بعد جو یہ آرام پایا، خدا کی درگاہ میں ہزار ہزار شکر بجا لایا۔ کئی مہینے اس فراغت سے گزرے کہ پاؤں اس خلوت سے باہر نہ رکھا۔

ایک دن وہ بہن (جو بجائے والدہ کے میری خاطر رکھتی تھی) کہنے لگی: اے بیرن! تو میری آنکھوں کی پُتلی اور ماں باپ کی موئی مٹّی کی نشانی ہے۔ تیرے آنے سے کلیجہ ٹھنڈا ہوا۔ جب تجھے دیکھتی ہوں، باغ باغ ہوتی ہوں، تو نے مجھے نہال کیا لیکن مردوں کو خدا نے کمانے کے لیے بنایا ہے، گھر میں بیٹھے رہنا، ان کو لازم نہیں۔ جو مرد نکھٹّو ہو کر گھر سیتا ہے، اس کو دنیا کے لوگ طعنہ دیتے ہیں، خصوص اس شہر کے آدمی۔ چھوٹے بڑے بے سبب تمہارے رہنے پر کہیں گے۔ ''اپنے باپ کی دولتِ دنیا کھو کھا کر بہنوئی کے ٹکڑوں پر آپڑا۔ یہ نہایت بے غیرتی اور میری تمہاری ہنسائی اور ماں باپ کے نام کو سبب لاج لگنے کے ہے، نہیں تو میں اپنے چمڑے کی جوتیاں بنا کر تجھے پہناؤں اور کلیجے میں ڈال رکھوں، اب یہ صلاح ہے کہ سفر کا قصد کرو۔ خدا چاہے تو دن پھریں اور اس حیرانی اور مُفلسی کے بدلے خاطر جمعی اور خوشی حاصل ہو۔

یہ بات سُن کر مجھے بھی غیرت آئی۔ اس کی نصیحت پسند کی، جواب دیا: اچھا، اب تم ماں کی جگہ ہو، جو کہو سو کروں۔ یہ میری مرضی پا کر گھر میں جا کر پچاس توڑے اشرفی کے اصیل اور لونڈیوں کے ہاتھوں میں لوا کر، میرے آگے لا رکھے اور بولی: ایک قافلہ سوداگروں کا دمشق کو جاتا ہے تم ان روپیوں سے جنس تجارت کی خرید کرو، ایک تاجر ایمان دار کے حوالے کر کے، دست آویز پکّی لکھوالو، اور آپ قصد دمشق کا کرو۔ وہاں جب خیریت سے جا پہنچو، اپنا مال مع منافع سمجھ بوجھ لیجو، یا آپ بیچیو۔ میں وہ نقد لے کر بازار میں گیا، اسباب سوداگری کا خرید کر کر، ایک بڑے سوداگر کے سپرد کیا۔ نوشت خواند سے خاطر جمع کر لی۔ وہ تاجر دریا کی راہ سے جہاز پر سوار ہو کر روانہ ہوا۔ فقیر نے خشکی کی راہ چلنے کی تیاری کی۔ جب رخصت ہونے لگا۔ بہن نے ایک سرے پاؤ بھاری اور ایک گھوڑا جڑاؤ ساز سے تواضع کیا، اور مٹھائی پکوان ایک خاص دان میں بھر کر ہرنے سے

لٹکا دیا، اور چھاگل پانی کی شکار بند میں بندھوادی،   امام ضامن کا روپیہ میرے بازو پر باندھا، دہی کا ٹیکا ماتھے پر لگا کر، آنسو پی کر بولی سدھارو! تمہیں خدا کو سونپا، پیٹھ دکھائے جاتے ہو، اسی طرح جلد اپنا منہ دکھائیو۔ میں نے فاتحہ خیر کی پڑھ کر کہا۔ تمہارا بھی اللہ حافظ ہے۔ میں نے قبول کیا۔ وہاں سے نکل کر گھوڑے پر سوار ہوا اور خدا کے توکل پر بھروسہ کر کے، دو منزل کی ایک منزل کرتا ہوا دمشق کے پاس جا پہنچا۔

غرض جب شہر کے دروازے پر گیا، بہت رات جا چکی تھی۔ دربان اور نگاہ بانوں نے دروازہ بند کیا تھا۔ میں نے بہت منت کی کہ مسافر ہوں دور سے دھاوا مارے آتا ہوں، اگر کواڑ کھول دو، شہر میں جا کر دانے گھاس کا آرام پاؤں، اندر سے گھڑک کر بولے۔ اس وقت دروازہ کھولنے کا حکم نہیں، کیوں اتنی رات گئے تم آئے؟ جب میں نے جواب صاف ان سے سنا شہر پناہ کی دیوار کے تلے، گھوڑے پر سے اُتر زین پوش بچھا کر بیٹھا۔ جاگنے کی خاطر اِدھر اُدھر ٹہلنے لگا، جس وقت آدھی رات اِدھر اور آدھی اُدھر ہوئی، سنسان ہو گیا۔ دیکھتا کیا ہوں کہ ایک صندوق قلعے کی دیوار پر سے نیچے چلا آتا ہے، یہ دیکھ کر میں اچنبھے میں ہوا کہ یہ کیا طلسم ہے؟ شاید خدا نے میری حیرانی و سرگردانی پر رحم کھا کر، خزانہ غیب سے عنایت کیا۔ جب وہ صندوق زمین پر ٹھہرا، ڈرتے ڈرتے میں پاس گیا، دیکھا تو کاٹھ کا صندوق ہے۔ لالچ سے اُسے کھولا، ایک معشوق، خوب صورت کامنی سی عورت، جس کے دیکھنے سے ہوش جاتا رہے، گھائل، لہو میں تر بہ تر، آنکھیں بند کیے پڑی کلبلاتی ہے، آہستہ آہستہ ہونٹھ ہلتے ہیں اور یہ آواز مُنہ سے نکلتی ہے۔ اے کم بخت بے وفا! اے ظالم پُر جفا! بدلا اس بھلائی اور محبت کا یہی تھا جو تو نے کیا؟ بھلا ایک زخم اور بھی لگا، میں نے اپنا تیرا انصاف خدا کو سونپا۔ یہ کہہ کر اسی بے ہوشی کے عالم میں ڈوپٹے کا آنچل منہ پر لے لیا۔ میری طرف دھیان نہ کیا۔

فقیر اس کو دیکھ کر اور یہ بات سن کر سُن ہوا۔ جی میں آیا کس بے حیا، ظالم نے کیوں ایسے نازنین صنم کو زخمی کیا، کیا اس کے دل میں آیا؟ اور ہاتھ اس پر کیوں کر چلایا؟ اس کے دل میں تو

محبت اب تلک باقی ہے، جو اس جاں کندنی کی حالت میں اس کو یاد کرتی ہے۔ میں آپ ہی آپ ہی یہ کہہ رہا تھا، آواز اس کے کان میں گئی ایک مرتبہ کپڑا منہ سے سرکا مجھ کو دیکھا، جس وقت اس کی نگاہیں میری نظروں سے لڑیں مجھے غش آنے اور جی سنسنانے لگا۔ بہ زور اپنے تئیں تھانبا، جرأت کر کے پوچھا: سچ کہو تم کون ہو اور یہ کیا ماجرا ہے؟ اگر بیان کرو تو میرے دل کو تسلّی ہو۔ یہ سن کر، اگر چہ طاقت بولنے کی نہ تھی آہستے سے کہا: شکر ہے میری حالت زخموں کے مارے یہ کچھ ہو رہی ہے۔ کیا خاک بولوں؟ کوئی دم کی مہمان ہوں، جب میری جان نکل جاوے تو خدا کے واسطے جواں مردی کر کے، مجھ بد بخت کو اسی صندوق میں کسی جگہ گاڑ دیجو، تو میں بھلے برے کی زبان سے نجات پاؤں اور تو داخل ثواب کے ہو۔ اتنا بول کر چپ ہوئی۔

رات کو مجھ سے کچھ تدبیر نہ ہو سکی۔ وہ صندوق اپنے پاس اٹھا لا اور گھڑیاں گننے لگا کہ کب اتنی رات تمام ہو تو فجر کو شہر میں جا کر جو کچھ علاج اس کا ہو سکے، بہ مقدور اپنے کروں۔ وہ تھوڑی سی رات ایسی پہاڑ ہو گئی کہ دل گھبرا گیا۔ بارے خدا خدا کر، صبح جب نزدیک ہوئی، مرغ بولا، آدمیوں کی آواز آنے لگی۔ میں نے فجر کی نماز پڑھ کر صندوق کو خورجی میں کسا۔ جونہیں دروازہ شہر کا کھلا، میں شہر میں داخل ہوا۔ ہر ایک آدمی اور دکان دار سے حویلی کرایے کی تلاش کرنے لگا۔ ڈھونڈھتے ڈھونڈتے ایک مکان خوش قطع نیا فراغت کا بھاڑے سے لے کر جا اترا۔ پہلے اس معشوق کو صندوق سے نکال کر، روئی کے پہلوؤں پر ملائم بچھونا کر کے ایک گوشے میں لٹایا۔ اور آدمی اعتباری وہاں چھوڑ کر، فقیر، جرّاح کی تلاش میں نکلا۔ ہر ایک سے پوچھتا پھرتا تھا کہ اس شہر میں جرّاح کاری گر کون ہے اور کہاں رہتا ہے؟ ایک شخص نے کہا: ایک حجّام جرّاحی کے کسب اور حکیمی کے فن میں یکّہ ہے اور اس کام میں نپٹ پکا ہے۔ اگر مردے کو اُس پاس لے جاؤ خدا کے حکم سے ایسی تدبیر کرے کہ ایک بار وہ بھی جی اٹھے۔ وہ اس محلّے میں رہتا ہے اور عیسیٰ نام ہے۔

میں یہ مژدہ سُن کر بے اختیار چلا۔ تلاش کرتے کرتے پتے سے اس کے دروازے پر

پہنچا۔ ایک مردِ سفید ریش کو دہلیز پر بیٹھا دیکھا، اور کئی آدمی مرہم کی تیاری کے لیے کچھ پیس پاس رہے تھے۔ فقیر نے مارے خوشامد کے ادب سے سلام کیا اور کہا: میں تمہارا نام اور خوبیاں سُن کر آیا ہوں۔ ماجرا یہ ہے کہ میں اپنے ملک سے تجارت کے لیے چلا، قبیلے کو بہ سبب محبت کے ساتھ لیا۔ جب نزدیک اس شہر کے آیا، تھوڑی سی دور رہا تھا، جو شام پڑ گئی۔ اَن دیکھے ملک میں رات کو چلنا مناسب نہ جانا، میدان میں ایک درخت کے تلے اُتر پڑا۔ پچھلے پہر ڈاکو آیا۔ جو کچھ مال اسباب پایا، لوٹ لیا، گہنے کے لالچ سے اس بی بی کو بھی گھائل کیا، مجھ سے کچھ نہ ہو سکا۔ رات جو باقی تھی، جوں توں کر کاٹی، فجر ہی شہر میں آن کر ایک مکان کرایہ پر لیا۔ ان کو وہاں رکھ کر میں تمہارے پاس دوڑا آیا ہوں۔ خدا نے تمہیں یہ کمال دیا ہے، اس مسافر پر مہربانی کرو، غریب خانے تشریف لے چلو، اس کو دیکھو، اگر اس کی زندگی ہوئی تو تمہیں بڑا جَس ہوگا اور میں ساری عمر غلامی کروں گا۔ عیسیٰ جراح بہت رحم دل اور خدا پرست تھا، میری غریبی کی باتوں پر ترس کھا کر میرے ساتھ اس حویلی تک آیا۔ زخموں کو دیکھتے ہی میرے تسلّی کی، بولا کہ خدا کے کرم سے اس بی بی کے زخم چالیس دن میں بھر آویں گے۔ غُسل شفا کروا دوں گا۔

غرض اس مردِ خدا نے سب زخموں کو نیم کے پانی سے دھو دھا کر صاف کیا۔ جو لائق ٹانکوں کے پائے، انہیں سیا۔ باقی گھاؤں پر اپنے کھیسے سے ایک ڈبیا نکال کر، کتنوں میں بتّی رکھی، اور کتنوں پر پھاہے چڑھا کر، پٹّی سے باندھ دیا اور نہایت شفقت سے کہا: میں دونوں وقت آیا کروں گا، تو خبردار رہیو، ایسی حرکت نہ کرے جو ٹانکے ٹوٹ جائیں۔ مرغ کا شوربا بجائے غذا اس کے حلق میں چوائیو، اور اکثر عرق بید مشک گلاب کے ساتھ دیا کیجو، جو قوت رہے۔ یہ کہہ کر رخصت چاہی، میں نے بہت منّت کی اور ہاتھ جوڑ کر کہا: تمہارے تشفّی دینے سے میری بھی زندگی ہوئی، نہیں تو سوائے مرنے کے کچھ سوجھتا نہ تھا۔ خدا تمہیں سلامت رکھے۔ عطر پان دے کر رخصت کیا۔ میں رات دن خدمت میں اس پری کی حاضر رہتا، آرام اپنے اوپر حرام کیا۔ خدا کی درگاہ سے روز روز اس کے چنگے ہونے کی دعا مانگتا۔ ■■

علّامہ شبلی نعمانی

علّامہ شبلی نعمانی نے ۱۸۵۷ء کے ہنگامہ خیز اور تاریخی سال میں بندول ضلع اعظم گڑھ میں آنکھیں کھولیں۔ اُن کے والد شیخ حبیب اللہ اعظم گڑھ میں وکالت کرتے تھے۔ شبلی نعمانی نے اپنی تعلیم کے ابتدائی مراحل یہیں طے کیے اور پھر غازی پور جا کر اپنے عہد کے ایک جید عالم مولانا محمد فاروق چڑیا کوٹی سے فیض حاصل کیا۔

تعلیم سے فراغت پانے کے بعد شبلی نعمانی علی گڑھ کالج میں پروفیسر مقرر ہوئے پھر لکھنؤ میں ندوۃ العلما کی تاسیس کے بعد اس کی ترقی میں دلچسپی لینے لگے لیکن ۱۹۱۳ء میں ندوۃ العلما سے علاحدگی اختیار کی اور اعظم گڑھ میں دارالمصنفین کے نام سے ایک علمی، ادبی اور تحقیقی ادارہ قائم کیا۔ اس ادارے نے علم و ادب کی دنیا کو اہم تصانیف اور مایہ ناز لکھنے والے عطا کیے۔ یہ ادارہ علّامہ شبلی نعمانی کی یاد کو زندہ کیے ہوئے ہے۔

علّامہ شبلی نعمانی اُردو کے ایک منفرد ادیب، مفکّر، تاریخ داں، سیرت نگار اور صاحب طرزِ قلم کار ہیں۔ علّامہ شبلی نے مختلف مضامین اور تصانیف قلمبند کی ہیں۔ سرسید احمد خاں کے ساتھیوں میں شبلی

ہی وہ شخص تھے جن میں ہمہ گیر ادبی صلاحیتیں اور خوبیاں جمع تھیں۔اُن کی تحریروں میں علمیت، گہرائی اور سنجیدگی کے ساتھ ساتھ سلاست، روانی اور دل کشی پائی جاتی ہے۔

علّامہ شبلی سے متعلق حامد حسن قادری، مصنف ''داستان تاریخِ اُردو'' کی رائے کو نظر انداز نہیں کیا جاسکتا۔ وہ لکھتے ہیں۔''علّامہ شبلی اپنے زمانے کے پہلے شخص ہیں جنھوں نے اسلوبِ تحریر کی اہمیت کو سمجھا اور ہر موقع ومحل کے لیے اسی کے مناسب طرزِ تحریر اختیار کیا۔لطیف ونازک استعارہ وتشبیہہ سے کام لیتے ہیں لیکن اس کے بغیر بھی الفاظ کے انتخاب، مرکبّات اور جملوں کی ساخت میں اس قدر حسنِ تناسب ملحوظ رکھتے ہیں کہ ان کی عبارت میں نہایت دل کشی و دل آویزی پیدا ہوجاتی ہے۔اس کے ساتھ لطافتِ خیال، دقّتِ نظر، وسعتِ تحقیق سے مضمون میں ندرت وجدّت اور تاثیر و دلفریبی پیدا کردیتے ہیں۔''

علّامہ شبلی کی چند اہم تصانیف ہیں: المامون- الفاروق- سیرت النّبی- مقالاتِ شبلی (چھ جلدیں)- موازنہ انیس و دبیر- سفرنامۂ روم ومصر وشام اور شعرالعجم۔

علّامہ شبلی نے ۱۹۱۴ء میں وفات پائی۔

مسلمانوں کی گزشتہ تعلیم

''مسلمانوں کی گزشتہ تعلیم'' میرے مضمون کا عنوان ہے۔ یہ ایک ایسا وسیع مضمون ہے کہ اگر اس کے ذیل میں مسلمانوں کے تمام علمی کارنامے بیان کیے جائیں تو شاید ناموزوں نہ ہو۔ لیکن میں نے اپنے مضمون کے لیے اِن میں سے صرف دو بحثیں انتخاب کی ہیں:

(۱) مسلمانوں نے علوم وفنون کس طرح حاصل کیے۔

(۲) دنیا کی تمام قوموں کو اُن علوم کی کیوں کر تعلیم دی۔ غالباً تعلیم کے خاص لفظ سے جو اس مضمون کا اصلی عنوان ہے، یہی دو بحثیں قوی تعلق رکھتی ہیں۔

مسلمانوں نے جن علوم کی اشاعت کی، ان میں سے کچھ اُن کے ذاتی علوم ہیں، جو خود اُنھوں نے ایجاد کیے، یا خاص طرح پر اُن کو ترتیب دیا۔ کچھ ایسے ہیں جو دوسری قوموں سے حاصل کیے اور پھر ایسی ترقی دی کہ گویا انھی کے ایجادات سے ہیں۔ میرا مضمون گو اِن دونوں قسم

کے علوم سے تعلق رکھتا ہے، لیکن علوم کی ذاتی حیثیت سے نہیں، بلکہ اُن کی طرزِ تعلیم کے اعتبار سے۔

میں افسوس کے ساتھ اس بات کا اعتراف کرتا ہوں کہ ان دو بحثوں کی تفصیل کے لیے جس قسم کے ضروری حالات درکار ہیں، یعنی فلسفۂ یونانی وغیرہ کے ترجمے، مترجموں اور تصنیفات کے نام، اسلامی دارالعلوم اور مدرسوں کی تفصیل، طریقۂ درس، نصابِ تعلیم، غرض اس قسم کے حالات مجھ کو کسی مستقل تصنیف میں نہیں ملے۔ اور شاید لکھے بھی نہیں گئے۔ کشف الظنون [1] جیسی بڑی فہرست میں صرف ایک کتاب کا نام ملتا ہے۔ لیکن غالباً خود کشف الظنون کے مصنف کو بھی اُس کا دیکھنا نصیب نہیں ہوا۔ چند اجمالی حالات جو گبن کی رومن امپائر و ہسٹری آف فلاسفی مصنفۂ ہنری لوئیس و اقوام المسالک و چیمبرس انسائیکلو پیڈیا، و برٹانیکا انسائیکلو پیڈیا وغیرہ میں ملتے ہیں، وہ اس غرض کے لیے بے شبہ مفید ہیں کہ جب مسلمانوں کو پچھلی ترقی کے عام ذکر میں کسی پُر جوش خطیب کی زبان سے ادا ہوں تو متاثر دلوں کو ہلا دیں۔ لیکن ان سے ایک مفصّل تاریخی آرٹیکل کیوں کر مرتب ہو سکتا ہے؟ میں نے مختلف تاریخوں اور دوسری قسم کی تصنیفوں کے جستہ جستہ مقامات سے کچھ حالات بہم پہنچائے ہیں۔ اور غالباً یہ پہلی تحریر ہے جس میں اس قدر واقعات جمع کیے گئے ہیں۔ اصل مضمون شروع کرنے سے پہلے میں ایک اجمالی طریقے پر مسلمانوں کے خاص علوم، اُن کی ابتدائی تاریخ اور سببِ ایجاد کا تذکرہ کرنا مناسب خیال کرتا ہوں۔

اسلام سے پہلے گو عرب کی قومیں رسمی علوم و فنون سے بالکل بے بہرہ تھیں، تاہم اُن خانہ بدوش صحرائیوں میں علمی مذاق کی جان پائی جاتی تھی۔ نظم و نثر اُن کا مایۂ خمیر تھا۔ لیکن وہ طوطی و بلبل کی طرح محض نیچرل فصیح اللسان نہ تھے، بلکہ فصاحت و بلاغت کے دقیق نکتوں تک اُن کی نگاہ پہنچتی تھی۔ بازارِ عکّاظ کے پُر جوش مشاعرے اور اُن کے باہمی مباحثے اور نکتہ چینیاں بتاتی ہیں کہ جو کچھ وہ کہتے تھے، جانتے تھے کہ کیا کہتے ہیں اور کیا کہنا چاہیے۔ امرؤ القیس اور علقمۃ الفحل کی شاعرانہ نزاع کا ایک عام عورت نے جس خوبی سے فیصلہ کیا، آج فن انشا کے بڑے ماہر بھی اُس

سے عمدہ ریمارک نہیں کر سکتے۔ اس کے سوا نسب کے فخر اور رشتہ و قرابت کی پابندیوں کی وجہ سے اہلِ عرب اگلے کارناموں کو ایک تاریخی ترتیب کے ساتھ محفوظ رکھتے تھے۔

قرآن نے عرب کے فن انشا پر کیا اثر پیدا کیا: اسلام نے آکر مذہب و معاشرت کے ساتھ اُن کی علمی زندگی بھی بالکل بدل دی۔ قرآن مجید کی پُر تاثیر آیتوں نے شعرا اور خطیبوں کی زبانیں بند کر دیں۔ اور چونکہ دوستانہ یا مخالفانہ سرگرمی نے تمام عرب کی دماغی قوتوں کا رخ اسلام کی طرف پھیر دیا تھا، پچھلے قصّے تھوڑے دنوں کے لیے بھلا دیے گئے۔ اور علم الانساب اور ایام العرب کا زور بھی گھٹ گیا۔ لیکن اسلام نے جس قدر چھینا، اُس سے بہت زیادہ عطا کیا۔ قرآن کی برابری کرنے کے حوصلے بہت جلد پست ہو گئے۔ اب شعرا اور خطیبوں کے لیے قرآن خود رہ نما بنا اور فصاحت و بلاغت کے متعلق بہت سے نئے اصول سکھا دیے۔ زبان نہایت شُستہ اور صاف ہوگئی۔ اور اونٹ بکری کے قصّوں کے علاوہ شعرا کو اخلاق اور تربیت کے بہت سے مضامین ہاتھ آگئے۔ یہی وجہ ہے کہ حسانؓ، حطیہؓ، ذوالرمہؓ، جریرؓ، فرزدقؓ، احوصؓ کے کلام میں جو ملاحت اور برجستگی ہے، شعراے جاہلیت کے رجز و قصائد میں اُس کا سراغ نہیں ملتا۔[1]

فقہ، فرائض، قصص، علمِ کلام: تمام مذہبی علوم گویا اسلام کے ساتھ پیدا ہوئے۔ زمانہ مابعد میں گو وہ کسی حد تک پہنچ گئے ہوں، لیکن کچھ شبہہ نہیں کہ اُن کے ابتدائی اصول تمام تر قرآن پاک سے ماخوذ ہیں۔ اس کے اوامر و نواہی نے فقہ کی طرف رہبری کی۔ آیت توریث نے فرائض کا ایک مستقل فن قائم کیا۔ انبیاے سابقین کے حالات سے قصص کی ترتیب ہوئی۔ اعتقادات اور معاد کے متعلق آیتوں سے علمِ کلام استنباط کیا گیا۔ اور گو ایک مدّت تک کسی قسم کی تدوین و ترتیب نہیں ہوئی، لیکن پیغمبر صلی اللہ علیہ وسلم کی وفات کے بعد ہی ان علوم کی ابتدائی بنیاد قائم ہوگئی۔ اور دوسری صدی کے آغاز تک ہزاروں مسائل کا رواج ہو چکا تھا۔

حدیث، اسماء الرجال، علم الدرایہ: قرآن مجید میں فرائض اور اعمال کا بیان اجمالی طریقے پر تھا، طریقِ عمل کی خصوصیتیں آنحضرت علی صلی اللہ علیہ وسلم کے طریقِ عمل پر منحصر تھیں۔ اس ضرورت سے آنحضرت صلی اللہ علیہ وسلم کے اقوال و افعال کے متعلق روایتوں کے جمع کرنے کی طرف خیال مائل ہوا۔ اور رفتہ رفتہ علم الحدیث و اسماء الرجال و علم الدرایہ پیدا ہو گئے۔ ان تحقیقات میں گو کسی قدر نکتہ چینی کی جائے مگر عموماً ہر مصنف یہ فیصلہ کرے گا کہ جس بے انتہا کوشش اور تفتیش سے مسلمانوں نے پیغمبر صلی اللہ علیہ وآلہٖ وسلم کے اقوال و افعال محفوظ رکھے، دنیا کی کسی قوم میں اس کی نظیر نہیں مل سکتی۔ اور یہ کہ انسانی سعی اور جستجو کی یہ آخری سرحد ہے جہاں تک مسلمان پہنچ گئے تھے۔

علمِ نحو: علمِ نحو اگرچہ کوئی مذہبی فن نہ تھا لیکن مذہبی ضرورت سے اس کی تدوین کی طرف خیال مائل ہوا۔ اسلام دور دراز ملکوں میں پھیلتا جاتا تھا، اور سیکڑوں نئی قومیں اس میں شامل ہوتی جاتی تھیں۔ دوسری زبانوں کے الفاظ عربی زبان میں بہت جلد جگہ پا گئے تھے۔ جس سے احتمال تھا کہ مشتقّات اور اصولِ اعراب میں بھی فرق آجائے۔ اس قسم کے تصرّفات سے جو صدمہ زبان پر پڑتا، اُس کا بہت بڑا اثر قرآن اور حدیث پر ہوتا۔ چند واقعات نے اِس احتمال کو قوی کر دیا۔ اور بالآخر ابوالاسعود دوئلی المتوفی سنہ ۹۹ھ جس نے خود اِس قسم کے تجربے حاصل کیے تھے، مسائل نحو کی تدوین کی طرف مائل ہوا۔ اُس نے چند قاعدے منضبط کیے، جو رفتہ رفتہ وسعت حاصل کرتے گئے۔ ہارون رشید کے زمانے میں خلیل بن احمد بصری المتوفی سن ۱۷۰ھ وسیبویہ وکسائی وغیرہ کی توجہ سے وہ ایک مستقل فن بن گیا۔ جس کو متاخّرین نے بھی بہت کچھ ترقی دی۔

عہد صحابہ کے علما: غرض مذہب کے متعلق جس قدر ضروری اور مہتم بالشان علوم تھے،گویا مذہب کے ساتھ پیدا ہوئے اور مسجدوں کے صحن یا عام مجلسوں میں اُن کے مسائل رواج پانے لگے۔خود صحابہ کے عہد میں ایسے متعدد اشخاص ۱؎ موجود تھے،جو کثرتِ معلومات کے ساتھ طرزِ استدلال،طریقِ استنباط،تخریجِ احکام میں اجتہاد کا حق رکھتے تھے،اور زمانہ مابعد میں جب صحابہ کے حالاتِ زندگی قلم بند ہوئے تو وہ مجتہدین کے لقب سے پکارے گئے۔کچھ لوگ ایسے تھے جو حدیثوں کے یاد رکھنے میں مشہور تھے۔چنانچہ حضرت ابوہریرہؓ سے ۵۳۶۴۔ابن عمرؓ سے ۲۶۳۰۔انسؓ سے ۲۲۸۶۔ابن عباسؓ سے ۱۶۶۰۔جابر سے ۱۵۴۰ حدیثیں مروی ہیں۔چودہ صحابی مفسّر تھے،جو قرآن پاک کی فقہی اور تاریخی آیتوں کے متعلق نہایت کافی معلومات رکھتے تھے۔باوجودیکہ ایک مدّت تک قدیم یونانیوں کی طرح تعلیم وتعلّم جو کچھ تھا،زبانی تھا،تاہم سیکڑوں ہزاروں اشخاص ان مسائل کے سیکھنے سکھانے میں مصروف تھے۔اور تمام ممالکِ اسلامیہ میں حدیثیں اور فقہہ کے مسائل اُسی تیزی سے رواج پارہے تھے جس طرح خود اسلام عالم گیر ہو رہا تھا۔عرب کی بلند حوصلگی اور عظمت کے لیے حجاز ویمن کی وسعت کافی نہ تھی۔اس لیے ہزاروں صحابہؓ سرزمین عرب سے نکل کر تمام نئے فتح کیے ہوئے ملکوں میں پھیل گئے۔اور بعضوں نے وہیں مستقل سکونت اختیار کرلی۔اس طرح شام میں دس ہزار،کوفے میں ایک ہزار، حمص میں پانسو،مصر میں کم وبیش تین سو صحابہ موجود تھے۔یہ لوگ جہاں گئے،حدیثوں اور عام مذہبی مسائل کا ذخیرہ بھی اپنے ساتھ لیتے گئے،جو ان کی عظمت وقبول کا بہت بڑا قوی سبب ہوتا تھا۔چنانچہ صرف اُن صحابہ کی تعداد جن سے لوگوں نے حدیثیں سیکھیں،یا روایت کی،کم ازکم ڈیڑھ ہزار بیان کی گئی ہے۔

■■

فرحت اللہ بیگ

مرزا فرحت اللہ بیگ 15/اگست 1888ء کو دہلی میں پیدا ہوئے۔ والد کا نام حشمت اللہ بیگ اور والدہ کا نام مشرف جہاں بیگم تھا۔ ان کے آباو اجداد شاہ عالم ثانی کے دورِ حکومت میں اٹھارویں صدی کے آخر میں ہجرت کر کے دہلی پہنچے اور فوج کی ملازمت اختیار کی۔ ابتدائی تعلیم گورنمنٹ ہائی سکول دہلی میں حاصل کی۔ پھر بی اے کی ڈگری حاصل کرنے کے بعد حیدرآباد دکن میں ملازمت اختیار کر لی۔ اور وہاں مختلف عہدوں پر فائز رہے۔ آخر میں اسٹنٹ ہوم سیکریٹری ہو گئے اور وہیں سے پنشن حاصل کی۔

حیدرآباد کی ادبی صحبتوں نے مرزا میں ادبی ذوق کو تیز کیا اور ان کا شوخ قلم مزاح نگاری میں جولانیاں دکھانے لگا۔ فرحت اللہ بیگ کا سب سے پہلا مضمون عصمت بیگ کے فرضی نام سے چھپا۔ اس کا عنوان ''ہم اور ہمارا امتحان'' تھا۔ اُنھوں نے المنشرح کے قلمی نام سے بھی کچھ مضامین لکھے۔

1937ء سے باقاعدہ لکھنا شروع کیا۔ اگرچہ انھوں نے متعدد موضوعات مثلاً تاریخ تحقیق، سوانح وغیرہ پر لکھا ہے لیکن ان کی شہرت بطور مزاح نگار قائم ہوئی اور ان کی تقریباً تمام تحریروں میں مزاحیہ رنگ غالب رہا۔ مرزا فرحت اللہ بیگ کو دہلی کی ٹکسالی زبان پر قدرت حاصل تھی۔ ان کے قلمی خاکے اردو ادب کا بیش قیمت سرمایہ ہیں۔ یہ خاکے اپنی دلکشی اور خوبصورت طرزِ نگارش کی وجہ سے پڑھنے والوں کو اپنی گرفت میں لے لیتے ہیں۔

فرحت اللہ بیگ کے مضامین کا مجموعہ 'مضامین فرحت' کے نام سے چھپ چکا ہے۔ ان کے کئی مضامین مثلاً دہلی کا یادگار مشاعرہ، نذیر احمد کی کہانی، کچھ ان کی کچھ میری زبانی، پھول والوں کی سیر، نئی اور پرانی تہذیب کی ٹکر وغیرہ اردو ادب میں ہمیشہ زندہ رہیں گے۔ 63 سال کی عمر میں 27/اپریل 1947ء کو حیدرآباد میں وفات پائی۔

ایک وصیّت کی تعمیل

خدا بخشے، مولوی وحید الدین سلیم بھی ایک عجیب چیز تھے۔ ایک نگینہ سمجھیے کہ برسوں ناتراشیدہ رہا۔ جب تراشا گیا، پھل نکلے، چمک بڑھی۔ اہلِ نظر میں قدر ہوئی، اس وقت چٹ سے ٹوٹ گیا۔ شہرت بھی غالبؔ کے قصیدے کی طرح آج کل کسی کو راس نہیں آتی۔ اِدھر نام بڑھا اور اُدھر مرا۔ صف سے آگے نکلا اور تیرِ قضا کا نشانہ ہوا۔ چل چلاؤ کا زور ہے۔ آج یہ گیا کل وہ گیا۔ مولوی نذیر احمد گئے، شبلی گئے، حالی گئے، وحید الدین گئے۔ اب بڑوں میں مولوی عبدالحق رہ گئے ہیں۔ ان کو بھی شہرت کی ریہ لگ گئی ہے۔ سوکھے چلے جا رہے ہیں۔ کسی دن یہ بھی خشک ہو کر رہ جائیں گے۔ یہ تو جو کچھ تھا، سو تھا، ایک نئی بات یہ ہے کہ آج کل کا مرنا بھی کچھ عجیب مرنا ہو گیا ہے۔ پہلے زندگی کو چراغ سے تشبیہہ دیتے تھے، بتی جلتی، تیل خرچ ہوتا، تیل ختم ہونے کے بعد چراغ جھلملاتا، ٹمٹماتا، لو بیٹھنی شروع ہوتی اور آخر رفتہ رفتہ ٹھنڈا ہو جاتا۔ اب چراغ کی جگہ زندگی بجلی کا لیمپ

ہوگئی ہے۔ادھر بٹن دبا، اُدھر اندھیرا گھپ۔عظمت اللہ خاں اسی طرح مرے، مولوی وحیدالدین خاں اسی طرح رخصت ہوئے۔اب دیکھیں کس کی باری ہے۔اردو کی مجلس میں دو چار لیمپ جل رہے ہیں وہ بھی کسی وقت کھٹ سے گل ہو جائیں گے۔اس کے بعد بس اللہ ہی اللہ ہے۔

میں مدّت سے حیدرآباد میں ہوں۔مولوی وحیدالدین بھی برسوں سے یہاں تھے۔لیکن کبھی ملنا نہیں ہوا۔انھیں ملنے سے فرصت نہ تھی، مجھے ملنے کی فرصت نہ تھی۔آخر ملے تو کب ملے کہ مولوی صاحب مرنے کو تیار بیٹھے تھے۔گزشتہ سال کالج کے جلسہ میں مولوی عبدالحق صاحب نے مجھے اورنگ آباد کھینچ بلایا۔روانہ ہونے کے لیے جو حیدرآباد کے اسٹیشن پر پہنچا تو کیا دیکھتا ہوں کہ اسٹیشن کا اسٹیشن اورنگ آباد جانے والوں سے بھرا پڑا ہے۔طالبِ علم بھی ہیں، ماسٹر بھی ہیں۔کچھ ضرورت سے جا رہے ہیں، کچھ بے ضرورت چلے جا رہے ہیں۔کچھ واقعی مہمان ہیں، کچھ بن بلائے مہمان ہیں۔غرض یہ کہ آدھی ریل انہی اورنگ آباد کے مسافروں نے گھیر رکھی ہے۔ریل کی روانگی میں دیر ہے۔سب کے سب پلیٹ فارم پر کھڑے غپیں مار رہے تھے۔میں بھی ایک صاحب سے کھڑا باتیں کر رہا تھا کہ کیا دیکھتا ہوں کہ ایک بڑے میاں بھیڑ کو چیرتے پھاڑتے، بڑے بڑے ڈگ بھرتے میری طرف چلے آ رہے ہیں۔متوسط قد، بھاری گھٹیلا بدن، بڑی سی توند، کالی سی سیاہ فام رنگت، اس پر سفید چھوٹی سی گول داڑھی، چھوٹی چھوٹی کرنجی آنکھیں، سفید شرعی پائجامہ، کتھئی رنگ کے کشمیرے کی شیروانی، سر پر عنابی ترکی ٹوپی، پاؤں میں جرابیں اور انگریزی جوتا۔آئے اور آتے ہی مجھے گلے لگالیا۔حیران تھا کہ یاالٰہی کیا ماجرا ہے۔کیا امیر حبیب اللہ خاں اور مولوی نذیر احمد مرحوم کی ملاقات کا دوسرا سین ہونے والا ہے۔جب ان کی اور میری ہڈیاں پسلیاں گلے ملتے ملتے تھک کر چور ہو گئیں، اس وقت انھوں نے فرمایا ''میاں فرحت! مجھے تم سے ملنے کا بڑا شوق تھا۔جب سے تمھارا نذیر احمد والا مضمون دیکھا ہے، کئی دفعہ ارادہ کیا کہ گھر پر آ کر ملوں۔مگر موقع نہ ملا۔قسمت میں ملنا تو آج لکھا تھا۔بھئی! مجھے تو نذیر احمد کی قسمت پر رشک آتا ہے کہ تجھ جیسا شاگرد اس کو ملا۔مرنے کے بعد بھی ان کا نام زندہ کر دیا۔

افسوس ہے ہم کو کوئی ایسا شاگرد نہیں ملتا جو مرنے کے بعد اسی رنگ میں ہمارا حال بھی لکھتا۔"
میں پریشان تھا کہ یا اللہ یہ ہیں کون اور کیا کہہ رہے ہیں۔ مگر میری زبان کب رکتی ہے میں نے کہا، "مولوی صاحب! آپ گھبراتے کیوں ہیں۔ بسم اللہ کیجیے، مرجائیے۔ مضمون میں لکھ دوں گا۔" کیا خبر تھی کہ سال بھر کے اندر ہی اندر مولوی صاحب مرجائیں گے اور مجھے ان کی وصیت کو پورا کرنا پڑے گا۔ جب مجھے معلوم ہوا کہ یہ مولوی وحید الدین سلیمؔ ہیں تو واقعی مجھے بہت پشیمانی ہوئی۔ میں نے معذرت کی۔ وہ خود شگفتہ طبیعت لے کر آئے تھے، رنج تو کجا بڑی دیر تک ہنستے اور اس جملے کے مزے لیتے رہے۔ سر ہو گئے کہ جس گاڑی میں تو ہے میں بھی اسی میں بیٹھوں گا۔ شاگردوں کی طرف دیکھا۔ انھوں نے ان کا سامان لا، میرے درجے میں رکھ دیا۔ اِدھر ریل چلی اور اُدھر ان کی زبان چلی۔ رات کے بارہ بجے، ایک بجا، دو بج گئے۔ مولوی صاحب نہ خود سوتے ہیں اور نہ سونے دیتے ہیں۔ درجہ اوّل میں ہم تین آدمی تھے۔ مولوی صاحب اور رفیق بیگ۔ رفیق بیگ تو سو گئے۔ ہم دونوں نے باتوں میں صبح کر دی۔ اپنی زندگی کے حالات بیان کیے، اپنے علمی کارناموں کا ذکر چھیڑا۔ اصلاحاتِ زبانِ اردو پر بحث ہوتی رہی، شعر و شاعری ہوئی، دوسروں کی خوب خوب برائیاں ہوئیں، اپنی تعریفیں ہوئیں۔ مولوی عبدالحق کو بُرا بھلا کہا کہ اس بیماری میں مجھے زبردستی کھینچ بلایا۔ غرض چند گھنٹے بڑے مزے سے گزر گئے۔ صبح ہوتے ہوتے کہیں جا کر آنکھ لگی۔ شاید ہی گھنٹہ بھر سوئے ہوں گے کہ ان کے شاگردوں اور ساتھیوں نے گاڑی پر یورش کر دی۔ پھر اٹھ بیٹھے اور پھر وہی علمی مباحث شروع ہوئے، پھبتیاں اڑیں، اس کو بیوقوف بنایا، اس کی تعریف کی، ہنسی اور قہقہوں کا وہ زور تھا کہ درجہ کی چھت اڑی جاتی تھی۔ تھوڑی دیر کے بعد مجھ کو نواب مسعود جنگ اپنے پاس لے گئے اور یہاں اورنگ آباد تک وہی غل غپاڑہ رہا۔

میں شاعر نہیں ہوں، ہاں بعض دوستوں کی فرمائش سے زبردستی شعر کہتا ہوں، مجھے بڑا تعجب ہوا، جب مولوی صاحب نے کہا "فرحت تو شاعر ہے، کیوں اس جوہر کو خاک میں ملا رہا ہے،

ہو سکے تو کچھ کہہ لیا کرو۔ میرے ایک قطعہ تاریخ سے ایسے خوش ہوئے کہ اسی وقت اٹھ قلم دوات نکال کر وہ قطعہ لکھ لیا۔ آپ بھی سن لیجیے، کہتے ہیں نئی طرز کی تاریخ ہے، ہوگی۔ ہم کو تو نہ اس کے لکھنے میں دماغ سوزی کرنی پڑی اور نہ اس کی قدر ہے۔ ہاں قطعے سے پہلے اس کی شانِ نزول سن لیجیے۔ واقعہ یہ ہے کہ میرے ایک نہایت عزیز دوست کے دماغ میں یورپ جانے کے خیالات ہمیشہ چکّر لگاتے تھے۔ پیسہ پاس نہیں تھا مگر چاہتے تھے کہ ساری دنیا میں پھریں اور وہ بھی اس طرح نہیں جس طرح امریکہ والے پھرتے ہیں، بلکہ اس طرح جس طرح پہلے زمانے کے سیاح پھرتے تھے۔ ادھر کوشش کی۔ آخر سرکار سے منظوری ہو ہی گئی۔ ڈھائی تین برس میں سارا یورپ چھان مارا۔ شمالی افریقہ کے سب ملک دیکھ لیے۔ عراق، عرب، شام، تُرکی غرض سیکڑوں ملکوں کی سیر کی۔ آئے اور بڑی دھوم سے آئے۔ وہ نام پیدا کیا کہ خدا سب کو نصیب کرے۔ دوستوں نے مجھ سے تاریخ کہنے کا تقاضا کیا۔ مار مار کر شاعر بنایا۔ تاریخ ہوئی ہے:

پھر پھرا کر مرے اک دوست سفر سے آئے — بار تاریخ کا ڈالا گیا میرے سر پر
دوستوں کا ہے تقاضا کہ لکھو جلد لکھو — میں بھی شاعر ہوا اللہ کی قدرت ہے مگر
میرے انکار سے احباب نہ رنجیدہ ہوں — اس لیے لکھتا ہوں تاریخ، بہت ڈر ڈر کر
ایک طائر کو قفس میں تھا خیالِ گلشن — پر سمیٹے ہوئے بیٹھا تھا جھکائے ہوئے سر
رحم کچھ آ گیا صیّاد کے دل میں شاید — ہٹ گیا سامنے سے ایک طرف کھول کے پر
در کھلا پایا تو آہستہ سے طائر نکلا — پھر چلا تیر سا گلشن کی طرف مار کے پر
خوب دل بھر کے مزے زمزمہ سنجی کے لیے — خوب دل کھول کے باغوں میں لگائے چکّر
بچتا وہ گردشِ افلاک سے آخر کب تک — ہوتا کب تک نہ زمانے کے تغیر کا اثر
آب و دانہ اسے پھر کھینچ کے لایا سوئے دام — باندھے صیاد نے پھر طائرِ آزاد کے پر
لکھی فرحتؔ نے ہے کس زور سے فصلی تاریخ — پھر وہی کنج قفس پھرا وہی صیاد کا گھر

میں نے باتوں باتوں میں یہ بھی کوشش کی کہ مولوی صاحب کی طبیعت کا اندازہ لگاؤں۔

پہلے تو ذرا بند بند رہے لیکن آخر میں کھل گئے۔ میں نے جو رائے ان کے متعلق قائم کی ہے وہ سُن لیجیے۔ سب سے پہلے تو یہ ہے کہ ان میں ظرافت کا مادّہ بہت تھا لیکن یہ ظرافت اکثر رکاکت کی صورت اختیار کر لیتی تھی۔ کسی کو بُرا بھی کہتے تو ایسے الفاظ میں کہتے کہ سننے سے تکلیف ہوتی اور جب کہنے پر آتے تو پھر یہ نہ دیکھتے کہ میں کیا کہہ رہا ہوں اور کس کے سامنے کہہ رہا ہوں۔ نتیجہ اکثر یہ ہوتا کہ لوگ اِدھر سے اُدھر لگا دیتے اور مولوی صاحب کی کسی نہ کسی سے بگڑ جاتی۔ شاید ہی کوئی بھلا آدمی ہوگا جو سچّے دل سے ان کو جانتا ہو۔ ان کے علم، ان کی سمجھ، ان کی زود فہمی اور ان کی طبع رسا کی سب تعریف کرتے ہیں لیکن ان کی طبیعت کے سب شاکی ہیں اور وہ خود بھی اس سے بیزار تھے۔ بات یہ ہے کہ انھوں نے زمانے کی وہ ٹھوکریں اٹھائی تھیں کہ خدا کی پناہ۔ خاصا بھلا چنگا آدمی دیوانہ ہو جائے۔ اگر مولوی صاحب کی طبیعت پر ان مصیبتوں نے اتنا اثر کیا تو کیا تعجب ہے۔ جب کسی نااہل کو بڑی خدمت پر دیکھتے تو ان کی آگ لگ جاتی۔ ریل میں دو ایک بڑے شخصوں کا ذکر آیا۔ انھوں نے ہر دفعہ یہی کہا۔ ''ارے میاں گدھا ہے، ایک سطر صحیح نہیں لکھتا۔ اور دیکھو تو کون ہیں کہ نواب صاحب، ہم کو دیکھو تمام عمر علم حاصل کرنے میں گزار دی، اس اخبار کی ایڈیٹری کی، اس رسالہ کے مینیجر ہوئے، سرسید کی خدمت میں سر گاڑی پاؤں پہیہ کیا، اب جو چند روپلّی مل رہے ہیں تو فلاں صاحب جلے جاتے ہیں، خبر نہیں کچھ ہوتے گلا ہی گھونٹ دیتے۔'' میں نے کہا، ''مولوی صاحب! یہ دنیا ہے آخرت نہیں ہے کہ جیسا بوؤ گے ویسا پھل ملے گا۔ یہاں اہلِ کمال ہمیشہ آشفتہ حال رہے ہیں۔ آپ کیوں خواہ مخواہ اپنا دل جلاتے ہیں، جو اللہ نے دیا ہے، بہت ہے۔ آگے ناتھ نہ پیچھے پگا۔ مزے کیجیے۔ بہت گئی ہے۔ تھوڑی رہی ہے، ہنسی خوشی یہ بھی گزار دیجیے۔'' وہ بھلا میری باتوں کو کیا سننے والے تھے۔ ان کے تو دل میں زخم تھے۔ تمام عمر مصیبت اٹھائی تھی۔ نااہلوں کو آرام و آسائش میں دیکھ کر وہ زخم ہرے ہو جاتے تھے۔ زبان اپنی تھی۔ کسی کا دینا نہیں آتا تھا۔ بے نقط سنا کر دل ٹھنڈا کر لیتے تھے۔

زمانے کے ہاتھوں ان کی طبیعت میں ایک دوسرا انقلاب یہ بھی ہو گیا تھا کہ جتنی ان کی نگاہ

وسیع ہوئی، اتنا ہی ان کا دل تنگ ہوا۔ جتنی ان کے قلم میں روانی پیدا ہوئی، اتنی ہی ان کی مٹھی بند ہوئی۔ میں ان کے پیٹھ پیچھے نہیں کہتا، جب ان کے منھ پر کہہ چکا ہوں کہ مولوی صاحب، آپ کی کفایت شعاری نے بڑھتے بڑھتے کنجوسی کی شکل اختیار کر لی ہے، تو اب لکھتے کیوں ڈروں، واقعی بڑے ہی کنجوس تھے۔ ہزار روپے کے گریڈ میں تھے۔ دار الترجمہ سے بہت کچھ مل جاتا تھا، مگر خرچ کی پوچھو تو صفر سے کچھ ہی زیادہ ہوگا۔ اس کی صراحت میں آگے چل کر کروں گا۔ ہاں ان کا یہ عذر سب کو ماننا پڑے گا کہ مفلسی کے پے در پے حملوں نے ان کی آنکھیں کھول دی تھیں۔ ان کو یہ بھی معلوم نہ تھا کہ وہ اس خدمت پر کب تک ہیں اور کب نکال دیے جائیں گے۔ خشک سالی کے اندیشے سے ارزانی کے زمانے میں کھتے بھرنے کی فکر میں رہے۔ خود چل بسے اور جمع پونجی دوسروں کے لیے چھوڑ گئے اور چھوڑ بھی اتنی گئے کہ بعض لوگوں کو افسوس ہوا کہ ہم ان کے بیٹے کیوں نہ ہوئے۔

بہر حال یوں ہی ہنستے بولتے دو بجے اورنگ آباد پہنچ گئے۔ بڑے زور کا استقبال ہوا۔ موٹروں میں لد کر اورنگ آباد کالج پہنچے۔ کیا دیکھتے ہیں کہ یہاں سے وہاں تک خیمے ہی خیمے لگے ہیں۔ خیموں کے سامنے جلسہ کا منڈوا ہے۔ منڈوے کے سامنے جو خیمہ تھا اس میں مجھے اور مولوی صاحب کو جگہ ملی۔ مولوی صاحب کی طبیعت پہلے سے بد مزہ تھی۔ راستہ کی تکان اور رات بھر کے جاگنے سے اور خراب ہوگئی۔ بخار چڑھ آیا۔ دو وقت کھانا نہیں کھایا۔ تیسرے وقت بڑے کہنے سننے سے تھوڑا سا دودھ پیا۔ دوسرے روز ان کا لکچر تھا۔ طبیعت صاف نہیں تھی۔ پھر بھی بڑے میاں کو جوش آ گیا۔ ٹرنک میں سے جوڑا نکالا، ریشمی شیروانی نکالی، نئی ترکی ٹوپی نکالی، اپنا میلا کچیلا جوڑا پھینک، نیا پہن اس ٹھاٹھ سے جلسے میں آئے کہ واہ واہ واہ۔ کھڑے ہو کر لکچر دینے کا دم نہ تھا۔ اسٹیج پر کرسی بچھا دی گئی۔ انھوں نے جیب میں سے چھوٹے چھوٹے نیلے کاغذ کے پرچوں کی ایک گڈی نکالی اور لکچر پڑھنا شروع کیا۔ میں ہمیشہ یہ سمجھتا تھا کہ اسپیچ کے پڑھنے میں الفاظ کا زور کم ہو جاتا ہے مگر مولوی صاحب کے طرز ادا نے میرا خیال بالکل بدل دیا۔ ان کے پڑھنے میں بھی

وہی بلکہ اس سے زیادہ زور تھا جتنا بولنے میں ہوتا ہے۔ معلوم ہوتا تھا کہ شیر گرج رہا ہے۔ تقریباً دو ہزار آدمی کا مجمع تھا مگر سنّاٹے کا یہ عالم تھا کہ سوئی گرے تو آواز سن لو۔ لفظوں کی نشست، زبان کی روانی، آواز کے اتار چڑھاؤ سے یہ معلوم ہوتا تھا کہ ایک دریا ہے کہ اُمڈا اچھلا آرہا ہے یا ایک برقی رو ہے کہ کانوں سے گزر کر دل و دماغ پر اثر کر رہی ہے۔ برس روز ہو چکا ہے مگر اب تک وہ آواز میرے کانوں میں گونج رہی ہے۔ میں نے بڑے بڑے لکچر دینے والوں کو سنا ہے مگر میں یقین دلاتا ہوں کہ لکچر پڑھ کر ایسا اثر پیدا کرنے والا میری نظر سے نہیں گزرا۔ کچھ تو بات تھی کہ آخر زمانے میں سرسید مرحوم اپنے اکثر لکچر انھیں سے پڑھوایا کرتے تھے۔ یا تو یہ لکچر پڑھتے پڑھتے یہ خود سمجھ گئے تھے یا یہ ان کی خداداد قابلیت تھی جس کو دیکھ کر سرسید مرحوم نے اس کام کے لیے ان کا انتخاب کا تھا۔ غرض کچھ ہی ہو۔ اس میں ان کا مدمقابل نایاب نہیں تو کمیاب ضرور ہے۔

اسی روز ایک واقعہ ایسا پیش آیا کہ اس کا خیال کر کے اب تک مجھے ہنسی آتی ہے۔ "۱۲۶۱ء میں دہلی کا ایک مشاعرہ" اس جلسے میں زندہ کیا گیا تھا۔ وہی ساز و سامان، وہی کپڑے اور وہی لوگ۔ سو برس کے بعد پھر سامنے لائے گئے تھے۔ اسٹیج کے انتظام ہی کے لیے مولوی عبدالحق صاحب نے مجھے پکڑ بلایا تھا۔ پہلے بہروپ اور نقلیں ہوتی رہیں۔ آخر پردہ گرا اور مشاعرے کا نمبر آیا۔ تھوڑی دیر میں اسٹیج کا رنگ بدلنا کچھ آسان کام نہ تھا۔ دریاں، چاندنیاں، قالین بچھانا، گاؤ تکیے لگانا، سامان جمانا، مشعلیں جلانا، غرض اتنا کام تھا کہ پردہ گرے گرے بڑی دیر ہوگئی اور لوگوں میں ذرا ہل چل ہونے لگی۔ مجھے اس وقت اس کے اور کچھ نہ سوجھا کہ ایک چھوٹی سی تقریر کر کے اس بے چینی کو کم کروں۔ میں نے کہا "یارو! ذرا جلدی کرو دیر ہو رہی ہے مزا کرکرا ہو جائے گا۔ میں باہر جا کر کچھ بولنا شروع کرتا ہوں، تمھارا کام جب ختم ہو جائے تو سیٹی بجا دینا۔ میں اپنی اسپیچ ختم کر دوں گا۔ اتنا کہہ میں چٹ باہر پردے کے سامنے آگیا۔ مضمون سوچنے کا موقع نہیں ملا۔ اس وقت یہی سمجھ میں آیا کہ اپنے مضمون کی تمہید کو ذرا مذاق میں ادا کر دوں۔ جن صاحبوں نے وہ

مضمون پڑھا ہے وہ واقف ہیں کہ میں نے اس مضمون کو مولوی کریم الدین صاحب مؤلف ''طبقات شعرائے ہند'' سے منسوب کر کے یہ ظاہر کیا ہے کہ یہ مشاعرہ انھیں کے مکان پر نواب زین العابدین خاں کی مدد سے ہوا تھا۔ چنانچہ میں نے اپنے لکچر میں ابتداً اس زمانے کی دہلی کا نقشہ کھینچا اور پھر مولوی کریم الدین صاحب کا پانی پت سے دہلی آنا مذاقیہ پیرایہ میں بیان کیا۔ ان کی پھٹی ہوئی جوتیوں، ان کے خاک آلودہ کپڑوں، ان کی وحشت زدہ شکل اور ان کی مفلسی کا نقشہ خدا جانے کن کن الفاظ میں کھینچ گیا، پھر ان کے دہلی میں آ کر تعلیم پانے، مسجد کی روٹیوں پر پڑے رہنے، دوسروں کی مدد سے مطبع کھولنے کا ذکر کر کے یہ بتایا کہ آخر کس طرح اس مشاعرے کی اجازت ہوئی اور کس طرح دہلی کے تمام شعرا اس میں جمع ہوئے۔ میں اسپیچ دینے میں سیدھا کھڑا نہیں رہتا، کچھ ہاتھ پاؤں بھی ہلاتا ہوں، خدا معلوم مولوی کریم الدین کا حال بیان کرنے میں کیوں میرے ہاتھ کا اشارہ کئی دفعہ مولوی وحید الدین سلیم کی طرف ہو گیا، مجھے تو معلوم نہیں، مگر جلسے میں اس نے کچھ اور ہی معنے پیدا کر لیے۔ مولوی صاحب کے والد بھی پانی پت سے دہلی آئے تھے، کتابوں کا بیوپار کرتے تھے۔ لوگ سمجھے کہ موکوی کریم الدین مولوی وحید الدین کے والد تھے۔ ناموں کے یکساں ہونے نے اس خیال کو اور تقویت دی۔ اب جو ہے وہ مولوی صاحب سے پوچھتا ہے۔ ''مولوی صاحب! کیا مولوی کریم الدین صاحب آپ کے والد تھے؟'' مولوی صاحب کے تاؤ کی کچھ نہ پوچھو، دل ہی دل میں اونٹتے رہے۔ خدا خدا کر کے ڈیڑھ بجے مشاعرہ ختم ہوا۔ اسٹیج کے دروازے سے جو نکلتا ہوں تو کیا دیکھتا ہوں کہ مولوی صاحب دیوار سے چپکے کھڑے ہیں۔ مجھے دیکھتے ہی بپھر گئے، کہنے لگے ''فرحت! یہ سب تیری شرارت ہے۔ کریم الدین کو میرا باپ بنا دیا۔'' میری کچھ سمجھ میں نہیں آیا کہ آخر یہ کہہ کیا رہے ہیں۔ بڑی مشکل سے مولوی صاحب کو ٹھنڈا کیا۔ وہاں سے لے جا کر خیمے میں بٹھایا۔ پان بنا کر دیا، سگریٹ پیش کیا، جب جا کر ذرا نرم پڑے اور واقعہ بیان کیا۔ میں نے کہا، ''مولوی صاحب! بھلا مجھ سے ایسی گستاخی ہو سکتی تھی۔ اوّل تو اس مذاق کا یہ موقع ہی کیا تھا۔ دوسرے مجھے کیا معلوم کہ آپ کے والد کون تھے،

کہاں کے تھے، دہلی آئے بھی تھے یا نہیں، کتابیں بیچتے تھے یا کیا کرتے تھے۔" کہنے لگے "تو گھڑی گھڑی ہاتھ سے میری طرف کیوں اشارہ کرتا تھا۔" میں نے کہا۔ "مولوی صاحب اسپیچ دینے میں ہاتھ کا اشارہ خود بخود اسی طرح ہو جاتا ہے۔ اب اگر اگلی صف میں بیٹھ کر آپ اس اشارے کو اپنے سے متعلق کر لیں تو اس میں میرا کیا قصور ہے۔ بہر حال یہ بات لوگوں کے دلوں میں کچھ ایسی جم گئی کہ مٹائے نہ مٹی۔ جب تک اورنگ آباد میں رہے، ہر شخص مولوی صاحب سے یہی سوال کرتا تھا۔ "مولوی صاحب! کیا مولوی کریم الدین صاحب آپ کے والد تھے؟" یہ کبھی تو ہنس کر چپ ہو جاتے تھے، کبھی صرف جھڑک دیتے، کبھی جل کر کہتے "جی ہاں میرے والد تھے، کچھ آپ کا دینا آتا ہے۔"

اورنگ آباد سے واپس آنے کے بعد میرا ان کے ہاں جانا بہت ہو گیا تھا۔ جب کچھ لکھتا، پہلے ان کو جا کر سناتا۔ بڑے خوش ہوتے۔ تعریفیں کرتے، دل بڑھاتے۔ ہائے ان کے گھر کا نقشہ اس وقت آنکھوں میں پھر گیا۔ گھر بہت بڑا تھا مگر خالی ڈھنڈار۔ ساٹھ روپے مہینہ کرایہ دیتے اور اپنی اکیلی جان سے رہتے۔ نہ بال نہ بچہ، نہ نوکر نہ ماما، میں گیا۔ باہر کا دروازہ کھٹکھٹایا۔ آواز آتی "کون"، میں نے کہا۔ "فرحت"۔ اسی وقت کُرتا پہنتے ہوئے آئے، دروازہ کھولا، اندر لے گئے۔ برآمدے میں ایک بان کی چارپائی پڑی ہے۔ دو تین تختے جڑی ٹوٹی پھوٹی کرسیاں ہیں۔ اندر ایک ذرا سی دری بچھی ہے، اس پر میلی چاندنی ہے۔ دو چار چوہا چکٹ تکیے اور ایک سڑی ہوئی رضائی رکھی ہے۔ دیواروں پر ایک دو سگریٹ کے اشتہاروں کی تصویریں اور تین چار پرانے کیلنڈر لٹکے ہیں۔ سامنے دیوار کی الماری میں پانچ چھ کنڈا ٹوٹی چائے کی پیالیاں، کنارے جھڑی رکابیاں، ایک دو چائے کے ڈبّے رکھے ہیں۔ سامنے کے کمرے میں کھونٹیوں پر دو تین شیروانیاں، دو تین ٹوپیاں لٹک رہی ہیں۔ نیچے دو تین پرانے کھڑنک جوتوں کے جوڑے پڑے ہیں۔ لیجیے، مولوی صاحب کے گھر بار کا یہ خلاصہ ہے۔ مولوی صاحب بیٹھے ہیں، سامنے دو انگیٹھیاں رکھی ہیں۔ ایک پر پانی، دوسری پر دودھ جوش ہو رہا ہے۔ چائے بن رہی ہے، خود پی

رہے ہیں، دوسروں کو پلا رہے ہیں۔ ایک نمک کا ڈلا پاس رکھا ہے۔ چاے بنائی، نمک کے ڈلے کو ڈال، دو ایک چکّر دے نکال لیا۔ بس سارے دن ان کا یہی شغل تھا۔ گھر میں برتن ہی نہیں تھے۔ کھانا کیسے پکتا اور پکاتا۔ خبر نہیں کہاں جا کر کھا پی آتے تھے۔ کبھی میں گیا، دیکھا کہ دروازے میں یہ بڑا قفل لٹک رہا ہے۔ سمجھ گیا کہ مولوی صاحب کہیں چرنے چگنے تشریف لے گئے۔ میں نے کئی دفعہ پوچھا بھی کہ مولوی صاحب! آپ کے ہاں کچھ پکتا پکاتا نہیں۔ کہنے لگے نہیں، بھئی! میں نے تو مدّتوں سے کھانا چھوڑ دیا ہے۔ صرف چاے پر گزران ہے۔ تم مان لو، میں تو نہیں مانتا، میں نے خود اپنی آنکھوں سے ان کو کھاتے اور خوب کھاتے دیکھا ہے۔ ہاں یہ ضرور ہے کہ اپنے گھر کا پکا نہیں کھاتے تھے اور کھاتے تو کیوں کر کھاتے، پکانے کا انتظام کرنا کوئی آسان کام نہیں تھا۔ ماما رکھنی پڑتی، سامان منگوانا ہوتا۔ لکڑی کا خرچ، تیل کا خرچ، نون کا خرچ، غرض اتنے خرچ کون اپنے سر باندھے اور اپنی بھلی چنگی جان کو بیٹھے بٹھائے روگ لگائے۔ چاے بنائی پی لی۔ ادھر اُدھر گئے پیٹ بھر لیا۔ گھر آئے بان کی کھرّی چارپائی پر لوٹ ماری، چلو زندگی کا ایک دن کٹ گیا۔ ان کی بان کی چارپائی بھی نمائش میں رکھنے کے قابل تھی۔ ننگی پیٹھ اس پر اتنا لوٹے تھے کہ بان صاف اور چمکدار ہو کر کالی اطلس ہو گیا تھا۔ ادوان خود کھینچتے تھے اور ایسی کھینچتے تھے کہ ہاتھ مارو تو طبلے کی آواز دے۔ خدا معلوم اب یہ چارپائی کس کے قبضہ میں ہے۔ کسی کے پاس بھی ہو، سونے میں بڑا آرام دے گی۔

مولوی صاحب کو مٹھاس کا بڑا شوق تھا۔ خدا شکر خورے کو شکر دیتا ہے۔ ان کے بھی یار دوست، شاگرد غرض کوئی نہ کوئی ان کو مٹھائی پہنچا ہی دیتا تھا۔ یہ کچھ کھاتے کچھ رکھ چھوڑتے۔ مٹھائی کی ٹوکریوں میں جو کاغذ آتے، ان کو پونچھ پانچھ، صاف کر جمع کرتے جاتے، انہی کاغذوں پر خط لکھتے، غزلیں لکھتے، غرض جو کچھ لکھنا پڑھنا ہوتا بس انھیں کاغذوں پر ہوتا۔ خدا معلوم ایسے جھر جھرے کاغذ پر یہ لکھتے کیوں کر تھے۔

مولوی صاحب دنیا میں کسی سے نہیں ڈرتے تھے، ہاں ڈرتے تھے تو مولوی عبدالحق صاحب

سے۔ میں نے کئی دفعہ کوشش کی کہ مولوی عبدالحق صاحب سے متعلق ان کی رائے معلوم کروں مگر وہ کسی نہ کسی طرح ٹال گئے۔ تھوڑے دن اور جیتے تو پوچھ ہی لیتا۔ دوسروں کے متعلق مجھے ان کی رائے معلوم ہے۔ اگر ان ہی کے الفاظ میں لکھوں تو ابھی فوجداری ہو جائے۔

مولوی صاحب کو اصطلاحات وضع کرنے کا خاص ملکہ تھا۔ ایسے ایسے الفاظ دماغ سے اتارتے کہ باید و شاید۔ جہاں ثبوت طلب کیا اور انھوں نے شعر پڑھا اور کسی نہ کسی بڑے شاعر سے منسوب کر دیا۔ اب خدا بہتر جانتا ہے کہ یہ خود ان کا شعر ہوتا تھا یا واقعی اس شاعر کا۔ بھلا ایک لفظ کے لیے کون دیوان ڈھونڈتا بیٹھے۔ اگر کوئی تلاش بھی کرتا اور وہ شعر دیوان میں نہ ملتا تو یہ کہہ دینا کیا مشکل تھا کہ یہ غیر مطبوعہ کلام ہے۔ انگریزی بالکل نہیں جانتے تھے مگر انگریزی اصطلاحات پر پورے حاوی تھے۔ یہ ہی نہیں بلکہ یہاں تک جانتے تھے کہ اس لفظ کے کیا ٹکڑے ہیں، ان ٹکڑوں کی اصل کیا ہے اور اس اصل کے معنی کیا ہیں۔ اس بلا کا حافظہ لے کر آئے تھے کہ ایک دفعہ کوئی لفظ سنا اور یاد ہو گیا۔ الفاظ کے ساتھ انھوں نے اس پر بھی بہت غور کیا تھا کہ انگریزی میں اصطلاحات بنانے میں کن کن اصولوں کو پیش نظر رکھا گیا ہے۔ انھیں اصولوں کو وہ اردو کی اصطلاحات وضع کرنے میں کام میں لاتے اور ہمیشہ کامیاب ہوتے۔ میری کیا اس وقت سب کی یہی رائے ہے کہ اصطلاحات بنانے کے کام میں مولوی وحیدالدین سلیمؔ اپنا جواب نہیں رکھتے تھے اور اب ان کے بعد ان کا بدل ملنا دشوار تو کیا ناممکن ہے۔ عربی اور فارسی میں اچھی دسترس تھی مگر وہ اردو کے لیے بنے تھے اور اردو ان کے لیے۔ خوب سمجھتے تھے اور خوب سمجھاتے تھے۔ زبان کے جو نکات وہ اپنے شاگردوں کو بتا گئے ہیں، اسی کا نتیجہ ہے کہ کالج کے لونڈے وہ مضمون لکھ جاتے ہیں جو بڑے بڑے اہل قلم کے حاشیہ خیال میں بھی نہیں آتے۔

مولوی صاحب کیا مرے زبانِ اردو کا ایک ستون گر گیا اور ایسا ستون گرا کہ اس جیسا بننا تو کجا، اس حصّے میں اڑواڑ بھی لگانی مشکل ہے۔ ان کی جگہ بھرنے کے لیے دوسرے پروفیسر کی تلاش ہو رہی ہے۔ مگر عثمانیہ یونیورسٹی کے اربابِ حل و عقد لکھ رکھیں کہ چاہے اس سرے سے اس

سرے سے تک ہندستان چھان مارو مولوی وحید الدین سلیمؔ جیسا پروفیسر ملنا تو بڑی بات ہے ان کا پاسنگ بھی مل جائے تو غنیمت اور بہت غنیمت سمجھو۔

■■

نیاز فتح پوری

نیاز فتح پوری برصغیر پاک و ہند کے ممتاز عقلیت پسند دانشور، شاعر، انشا پرداز، افسانہ نگار اور نقاد تھے۔ وہ 1884ء میں اتر پردیش کے ضلع بارہ بنکی میں پیدا ہوئے۔ ان کے والد کا نام امیر محمد خان تھا۔ والدین نے نیاز فتح پوری کا نام لیاقت علی خان رکھا تھا۔ مدرسہ اسلامیہ فتح پور، مدرسہ عالیہ رامپور اور ندوۃ العلماء لکھنو سے تعلیم حاصل کی۔ 1922ء میں اردو کا معروف ادبی و فکری رسالہ ''نگار'' جاری کیا جسے اردو صحافت میں ایک سنگِ میل کی حیثیت حاصل ہے۔ یہ رسالہ ان کی وفات یعنی 1966ء تک جاری رہا۔ اردو فکشن میں رومانیت کے رجحان کے بنیاد گزاروں میں ان کا شمار ہوتا ہے۔

مختلف موضوعات پر نیاز فتح پوری نے کم و بیش 17 کتابیں تحریر کی ہیں جن میں مذہب کے حوالے سے من و یزداں، تنقید کے حوالے سے مالہ و ماعلیہ، مشکلات غالب، استفسارات ، انتقادیات اور تاریخ نگاری کے ضمن میں تاریخ الدولتین، توقیت تاریخ اسلامی ہند ان کی اہم کتابیں ہیں۔ جبکہ افسانوی مجموعہ ''حسن کی عیاریاں اور دوسرے افسانے'' بھی بہت مشہور

ہے۔ان کی دیگر تصانیف میں ترغیبات جنسی، چند گھنٹے حکما کی روح کے ساتھ، جذبات بھاشا، نگارستان، جمالستان، نقاب اٹھ جانے کے بعد، مختاراتِ نیاز، شہاب کی سرگزشت، ایک شاعر کا انجام وغیرہ بھی اہمیت کی حامل ہیں۔

نیاز فتح پوری کی علمی خدمات کے اعتراف میں 1962ء میں حکومتِ ہند نے انھیں ''پدم بھوشن'' کے خطاب سے نوازا۔ 31 جولائی 1962ء کو نیاز فتح پوری ہجرت کر کے کراچی چلے گئے۔حکومت پاکستان نے بھی انھیں ''نشان سپاس'' سے نوازا۔ 24 مئی 1966ء کو سرطان کے مرض میں مبتلا ہونے کے بعد خالق حقیقی سے جا ملے۔

''طائرِ خاموش پر ایک آنسو'' نیازؔ صاحب کی نگارشِ قلم کا دلکش نمونہ ہے جس میں حیات وموت کے فلسفے اور زندگی کی بے ثباتی کو افسانوی رنگ میں اُجاگر کیا گیا ہے۔

طائرِ خاموش پر ایک آنسو

پھولوں کا ملبوس بھی کس قدر جلد تار تار ہو جاتا ہے اور کتنی اذیت پہنچتی ہے اس سے شدید التا ثیر دلوں کو! ہوا شگفتہ اور حسین پھولوں پر سے گزرتی ہے اور اس کے بارِ رفتار سے ان کے نقاب شق ہو جاتے ہیں۔ پنکھڑیاں بکھر جاتی ہیں۔ اسی طرح غم کے چھو جانے سے ایک تنہا انسان کی سوگواریاں حرکت میں آجاتی ہیں اور سیلِ اشک آنکھوں سے جاری ہو جاتا ہے۔

ایسے بھی مرد ہیں جو جاہ و ثروت، شہرت دولت پر مٹے ہوئے ہیں۔ ایسی بھی عورتیں ہیں جن کے نزدیک حیات کا مفہوم زینت و امارت، نمائش و نمود کے سوا کچھ نہیں۔ لیکن میں؟ میری تقدیر میں تو صرف ایک مکمل جمال والی چیز ہے جس کے اجزائے ترکیبی میں بڑا حصہ فکر کا ہے اور اس سے بھی بڑا حصہ قلب کا۔ صرف ایک چیز ہے جو میری حیرت کو بیدار کر دیتی ہے اور وہ چیز وہ ہے جو چھوٹی چھوٹی اور ادنیٰ ادنیٰ چیزوں سے رفعت حاصل کرتی ہے۔ یہ وہ نادر پھول

ہے جسے ذکاومعرفت کا آفتاب زندگی بخشتا ہے اور عواطف شہری کی موجیں اس کی پرورش کرتی ہیں۔

قلبِ حسّاس بھی کیسا درد پذیر ہے اور صراحتیں قبول کرنے کے لیے کس درجہ نرم!

ایک چھوٹا سا طائر تھا جس کے بازوؤں پر آفتاب کی شعاؤں نے زردوزی کی تھی اور رات اس کی طرف مائل ہو کر اپنے بوسۂ تاریک کا ایک نشان اس کی آنکھوں میں چھوڑ گئی تھی۔ پھر انسانی ہاتھ نے اس پر قبضہ کیا اور اس کی فضا کا دائرہ تنگ کر کے ایک قفس میں بند کر دیا جو زندگی میں اس کا نشیمن تھا اور مرنے کے بعد اس کا تابوت۔

اس چھوٹے سے طائر کو میں نے مہینوں محبت سے پالا۔ جب میں ملول ہوتی تو اپنے نغموں سے مجھے مسرور کرتا۔ میرے دل میں اپنی موسیقی سے کیفیتِ رقص پیدا کر دیتا اور میری تنہائیوں کو اپنی خوش الحانیوں سے معمور۔

اس کی زندگی میری حیات کے ساتھ وابستہ تھی اور اس نے ایک ندیم کی سی حیثیت اختیار کر لی تھی۔ ہر چند نہ میں اس کی ہم زبان تھی اور نہ باہم کوئی تفاہم روحانی حاصل تھا۔

اسے عزیز بنا دیا تھا میری نگاہوں میں اس کے ہر وقت سامنے رہنے نے (گو وہ میری حضوری سے آگاہ نہ تھا) اس کی شیریں آواز نے، اس کے اس سرور نے جو آشنائے الم تھا، اس کی تنگیِ فضا پر صبر کر لینے اور نور وہوا کا جو حصّہ اس کے لیے مقدر ہو گیا تھا اس پر قناعت کر لینے نے۔

جب آلامِ دنیا مجھے رلاتے تو میں اپنا آنسوؤں سے تر رومال اسے دکھاتی لیکن وہ اس کی پروانہ کرتا۔ سچ ہے آنسو تاریکیِ عدل سے پیدا ہوتے ہیں اور ایک طائر کی روح شعاعِ موسیقی ہے پھر نور تاریکی کے مفہوم سے کیوں کر آشنا ہو سکتا ہے؟

پھر میں نے اپنے ہاتھ سے فضائے بعید کی طرف اشارہ کیا تا کہ میں دیکھوں کوئی کراہ اس

کے دردِ دل کا پتہ دینے والی نکلی ہے یا نہیں۔ لیکن وہ بے پروائی سے بے خبری کی ایک لکڑی پر جا کر بیٹھ گیا۔ گویا وہ یہ کہنا چاہتا تھا کہ:

''نور آفتاب کو نہیں دیکھتا۔ قلب روح پر نگاہ نہیں ڈالتا کیوں کہ یہ دونوں ایک ہیں۔ میں فضا کو کیا دیکھوں جب کہ میں بھی اسی کا ایک نقطہ ہوں۔ اور ہر چند اس سے دور ہوں، لیکن ہوں اب بھی اسی میں...''

جب میں نے بہت سے پھول لا کر ان کی پنکھڑیاں پنجرے میں بکھیر دیں تا کہ میں اس طرح اسے راضی کرلوں تو وہ ایک استغنا کے ساتھ ان پر چلنے لگا گویا وہ کوئی فلسفی ہے جو ایسی حقیر چیزوں کی طرف مائل نہیں ہوسکتا بلکہ صرف ان باتوں کی طرف اعتنا کرتا ہے جو فکر و جستجو کی قوتوں کو قلب میں بیدار کر دیں۔

جب میں صبح آنکھیں کھولتی تو وہ میری بیداری کی پذیرائی اپنی موسیقی سے کرتا اور اس کے نغمے میرے قلب میں گداز و شکر کی کیفیت پیدا کر دیتے۔

جب دن کو میں لکھنے پڑھنے بیٹھتی اور میرا دل دفعتاً خشک کتابوں کے مطالعہ سے الجھنے لگتا، میرا قلم ایک عصا کی طرح ہاتھ میں وزنی ہو جاتا تو یہ طائر گا کر میرا جی بہلاتا۔ باہر سے چڑیوں کا ایک غول آ کر اس کا ہمنوا ہو جاتا اور پھر؟... کتابوں کے صفحات پر افکارِ دماغی مسکراتے ہوئے نظر آنے لگتے اور میرے قلم میں ویسی ہی لچک پیدا ہو جاتی جیسی جھیل کے کنارے بید کی شاخوں میں پائی جاتی ہے۔

شام کو یہ طائر تاریکی کے احترام میں اپنا سر بازوؤں میں چھپا لیتا اور غور و فکر کا جمود اس پر طاری ہو جاتا۔ اس وقت دوشیزگانِ خیال بالوں کو منتشر کیے، لبوں پر نورانی تبسم اور ہاتھوں میں فانوسِ شعر لیے ہوئے نمودار ہوتیں اور اعماقِ بحر کی سی پوشیدہ راگنی کے ساتھ اپنے گیت شروع کر دیتیں۔ ایسے عجیب و غریب گیت جن کو سوائے روح کے اور کوئی نہیں سن سکتا اور جنھیں وہی چھٹی حس سمجھ سکتی ہے جو تنہائی اور غم کی ساعتوں میں ایک شاعر کے دل میں پیدا ہوتی ہے۔

ناگہاں ملوکِ جوزا (ستارہ کا نام) اپنی بلندی سے نیچے کی طرف مائل ہو کر کھلے ہوئے دریچے سے مجھے جھانکتے ہیں اور طائر اپنی چھپی ہوئی آنکھوں سے سنہری بازوؤں کے اندر ہی اندر مجھے دیکھتا ہے۔

ذرا اب قفس کو دیکھو!

میرا طائرِ مغنی خاموش ہے۔ شعاعِ حیات بخش منجمد ہے اور غروب ہونے والا آفتاب کا نہایت قلیل جزو قفس میں باقی رہ گیا ہے۔ میرا چھوٹا سا مغنی مر گیا۔

گویا ایک زریں شعاع تھی جو دفعتاً نمودار ہوئی اور پھر چھپ گئی۔ ایک ابتسام لطف تھا جس نے طلوع کیا اور پھر فوراً ہی تاریکیوں میں پوشیدہ ہو گیا۔ ایک نورِ فکر تھا جو ایک لمحہ کے لیے چمکا اور بحرِ عدم میں ڈوب گیا۔ ایک معطر پھول تھا جو تھوڑی دیر اپنی نکہت سے سُکر پیدا کر کے مرجھا گیا۔ ایک نغمۂ محبت تھا جو ایک ساعت کے لیے تموج میں آیا اور پھر ہاویہ سکون میں غائب ہو گیا۔ وہ میرے بربطِ ہستی کا ایسا تار تھا جس کے گم ہو جانے سے میرا ساز بے نوا ہو گیا ہے۔

وجود و فنا کا راز دریافت کرنے کی قدرت کس میں ہے؟

عالم کون کا ایک ایک ذرہ شرابِ حیات کا پیاسا ہے۔ حصولِ نمو کے شوق میں بیتاب ہے اور مکمل ترین حالاتِ ممکنہ تک پہنچنے کے لیے بے چین۔ پھر اس شوق کی غایت کیا ہے؟ یہ پیاس کیوں ہے؟ جب کہ فنا کمال کی انتہا ہو؟

کیا میرے طائر میں جو انس و اختلاط کا مادّہ تھا ضائع ہو گیا۔ کیا اس کا نفس ایتھر میں اسی طرح مل گیا جس طرح اس کے نغمے فضا میں اور اس کے عناصرِ جسم ہوا اور خاک میں؟ یا اب بھی اس کا جوہرِ ذاتی محفوظ ہے اور وہ بدستور اسی طرح مجاہلِ فضا میں باقی ہے۔

اس کے وجود کا کیا سبب تھا اور وہ کیوں معدوم ہو گیا؟

کیا فنا ہو جانے ہی کے لیے وہ خوش الحان پیدا کیا گیا تھا؟ کیا انصاف یہی ہے کہ وہ ایک لمحہ کے لیے میرے ملال کو دور کر کے غائب ہو جائے اور مجھے اس طرح حیران چھوڑ جائے؟

ہے کوئی فلسفی جو اس راز کو ظاہر کر سکے اور غوامضِ حیات کے چہرے سے یہ نقاب اٹھا دے؟

پھر اے گزر جانے والو (خواہ تم انسان ہو یا طائر) تمھیں کیوں نہیں ایک بار اپنی زبان کھول کر بتا دیتے کہ یہ جو پردہ سامنے پڑا ہے اس کے دوسرے جانب کون سے اسرارِ سرمدی پوشیدہ ہیں؟

■■

مولانا عبدالماجد دریابادی

مولانا عبدالماجد دریابادی کی پیدائش 1 / مارچ 1892ء کو قدوائی خاندان میں ہوئی۔ ان کے خاندان کا آبائی تعلق اتر پردیش کے ضلع بارہ بنکی میں واقع قصبہ دریاباد سے تھا۔ خاندان کے ایک بڑے حصہ کے لکھنؤ رہنے اور کثرتِ آمد و رفت کی وجہ سے لکھنؤ ان کے وطن ثانی کی حیثیت رکھتا ہے۔ ابتدائی تعلیم گھر پر ہی اساتذہ سے حاصل کی، پھر سیتاپور کے ایک اسکول سے میٹرک کا امتحان پاس کیا۔ اعلیٰ تعلیم کے لیے 1908ء میں کیننگ کالج لکھنؤ میں داخلہ لیا۔ 1912ء میں بی اے کے بعد آپ کی خواہش فلسفہ میں ایم، اے کرنے کی تھی، لکھنؤ میں چونکہ اس کا انتظام نہیں تھا اس لیے علی گڑھ چلے گئے۔ دورانِ تعلیم خلافت تحریک میں سرگرمی سے حصہ لیا۔ ندوۃ العلماء، لکھنؤ اور دارالمصنفین، اعظم گڑھ سے بھی وابستہ رہے۔

مولانا ایک صاحب طرز ادیب، بلند پایہ صحافی، صاحب تصنیف فلسفی، اور انگریزی، اردو کے مشہور و مسلّم مفسرِ قرآن تھے۔ ان کا اخبار پہلے ''سچ'' پھر ''صدق'' اور آخر ''صدق جدید'' کے نام سے نکلتا رہا۔ اپنے طرز کا منفرد اور نرالا جریدہ تھا۔ مولانا دریابادی کی تحریر میں ایسی حلاوت تھی کہ اسے

شروع کر کے ختم کیے بغیر چھوڑ دینا اہلِ ذوق کے لیے مشکل تھا۔ ان کا قلم صحیح معنوں میں بے باک اور نڈر تھا۔

مولانا دریابادی اردو کے عدیم المثال انشا پرداز تھے، زبان پر عبور اور اس کی باریکیوں پر نظر رکھتے تھے، الفاظ کے جوہر شناس تھے، رعایتِ لفظی، محاورہ، روزمرہ اور لکھنوی اسکول کے خاص مختارات کے استعمال میں وہ اپنا ثانی نہ رکھتے تھے، طنز کے بادشاہ تھے اور ان کی تحریروں میں اصلاحی طنز کی بہترین مثالیں ملتی ہیں۔ خطوط نگاری میں بھی ان کا اسلوب منفرد ہے۔ تاہم ان کا اصل میدان مذہب اور صحافت تھا۔ مذہبیات کے حوالے سے اردو میں تحریر کردہ ان کی تفسیر ''تفسیرِ ماجدی'' اور انگریزی میں ترجمہ وتفسیر ''تفسیر القرآن'' کو شہرتِ دوام حاصل ہوئی۔ ان کی تحریر کردہ سوانح حیات ''آپ بیتی'' اردو کی ممتاز اور اہم سوانح عمریوں میں شمار ہوتی ہے۔

مولانا عبدالماجد دریابادی نے 1977ء میں وفات پائی۔

اکبرؔ کی شاعری کا اخلاقی پہلو

فرش سے لے کر عرش تک ذرہ سے لے کر آفتاب تک علم وعمل، معاشرت، اخلاق، عقائد کے دائرہ میں کوئی شے ایسی نہ تھی جو "صاحب" کے نام کا کلمہ نہ پڑھ رہی ہو۔ ساری فضا اسی مرعوبیت سے معمور "دانش فرنگ"، "حکمتِ مغرب"، "عقلائے فرنگ"، "اقبالِ سرکار"، "دانایانِ مغرب" وغیرہ خدا جانے کتنے فقرے اور ترکیبیں اس دورِ مرعوبیت کی یادگار، علومِ متعارفہ کی طرح بے تکلف زبانوں پر چڑھ گئے اور ادب کا گویا جز بن گئے۔ "فرنگی" کا لفظ اس سے قبل ذم و ہجو کا پہلو لیے ہوئے تھا۔ اس دور میں "فرنگ"، محلِ مدح وعظمت میں استعمال ہونے لگا۔

دنیا کی تاریخ میں یہ واقعہ انوکھا نہیں۔ زبردست جب کمزوروں پر غلبہ پا جاتے ہیں تو بس یہی ہونے لگتا ہے۔ ہر چیز انھیں کی عینک سے یہ خود بھی دیکھنے لگتے ہیں۔ اور اب نہ اپنی عقل باقی رہ جاتی ہے، نہ اپنی نظر، اور تاریخ دانوں کا بیان ہے کہ قوموں کی قسمت میں یہ دستور ازل سے

لکھا چلا آرہا ہے۔

وفا جفا کی طلب گار ہوتی آئی ہے　　ازل کے دن سے یہ اے یار ہوتی آئی ہے

تو یہ تھی وہ فضا جس میں اکبرؔ نے اپنی آنکھیں کھولیں۔ یہ تھا وہ ماحول جس میں انھیں اپنا پیام پہنچانا تھا۔ رسمی شاعر نہ تھے، ہوتے تو کوئی ایسی بات نہ تھی۔ جس طرح اور ان کے ہم عصر، اچھے اچھے خوش فکر زینتِ مشاعرہ ہو رہے تھے، یہ بھی آراستہ پیراستہ طرحی غزلیں کہتے رہتے، یا بے طرح بھی قافیہ پیمائی میں لگے رہتے۔ لیکن مشکل یہ تھی کہ صاحبِ نظر تھے، ایک خاص دل و دماغ رکھتے تھے، ایک خاص　مقصدِ حیات لے کر آئے تھے۔ ایک مخصوص پیام کی تبلیغ کا بار ان کے شانہ پر تھا۔ یوں کہیے کہ فطرت کی جانب سے ایک ''رسول'' ہو کر آئے تھے۔ ''صاحبِ کتاب'' حقیقی رسولوں کے جانشین اور ادنیٰ خادم۔ دل کڑھا، دماغ متاثر ہوا، آنکھوں نے بہت کچھ دیکھ لیا، جو دوسروں کی نظروں سے اوجھل تھا۔ ان کا پیام اسی تحریکِ مغربیت کے خلاف ردِّ عمل تھا۔ ان کی شاعری اول سے آخر تک اس مادیت و فرنگیت کا جواب ہے۔ ان کے ترکش کا ایک ایک تیر اس نشانہ پر آ کر لگتا ہے۔ ان کے فلسفہ، ان کی ظرافت، ان کی سیاسیات کے دائرہ کی معمولی سی بھی پیمائش ممکن نہیں، تاوقتیکہ نظر اس مرکزی نقطہ پر نہ جمالی جائے۔

یہ رنگِ موجود شروع ہی سے تھا۔ سن و تجربے میں پختگی کے ساتھ نکھرتا گیا۔ یہاں تک کہ آخر میں　ہر ساز سے یہی نغمہ پیدا ہونے لگا۔ عورتوں کی بے پردگی سے متعلق ان کا مشہور وضرب المثل قطعہ ان کے آخر زمانہ کا نہیں شروع ہی کا ہے۔

کل بے حجاب آئیں نظر چند بیبیاں　　اکبر زمیں میں غیرتِ قومی سے گڑ گیا
پوچھا جو ان سے آپ کا پردہ وہ کیا ہوا　　کہنے لگیں کہ عقل پہ مردوں کے پڑ گیا

''عقل پر پردہ پڑ جانا'' اس محاورہ کا تصرف اس خوبی سے اس سے قبل کبھی کیوں ہوا ہوگا!

قوم کی انتشاری و اضطرابی حالت خود اپنی ہی شامتِ اعمال کا نتیجہ ہے، اس کا نقشہ بھی ان کے قلم کا کھینچا ہوا، بہت مدت کا ہے۔

مذہب کو لیا تو بحث میں سر ٹوٹا　　　چاہی اصلاح تو خدا ہی چھوٹا
شکوہ ہم غیر کا کریں کیا اکبر　　　اپنوں ہی نے ہم کو ہر طرح سے لوٹا

ان کے کلام میں تزکیۂ اخلاق ہے۔ شعائرِ اسلامی کا احیا ہے تہذیبِ اسلامی کی تجدید ہے۔ اور یہ وعظ سطر سطر میں موجود ہے، لیکن ہاں حالیؔ کی طرح خشک واعظ نہیں۔ وہ پہلے شاعر ہیں پھر کچھ اور۔ پہلے ظریف ہیں پھر مصلح۔ پہلے نقاشِ فطرت ہیں پھر معلّمِ اخلاق۔ ان کی مجلس میں شراب کے گلاس گردش میں رہتے ہیں۔ خوش رنگ، خوش مزہ، یخنی کے پیالے تقسیم نہیں ہوتے۔ اور یہ اس رندِ پاکباز کی کرامت ہے کہ حلق سے اترتے ہی وہ ''شرابِ خانہ خراب'' نہیں رہ جاتی۔ شرابِ طہور ثابت ہوتی ہے۔

اکبرؔ سے قبل بنگال کا ایک نامور فرزند بنکم چٹرجی بھی یہی مشن لے کر پیدا ہوا تھا، تہذیبِ جدید کے خطرات کا اس نے پوری طرح اندازہ کر لیا تھا، اور بنگالی زبان میں اپنے ناولوں اور افسانوں کے ذریعہ سے اس سیلاب کو روکنے کی اپنے امکان بھر کوشش کی تھی۔ اردو میں بھی اس کا ایک آدھ ترجمہ درگیش نندنی وغیرہ کے نام سے آچکا ہے۔ بنکم نے اپنا حربہ نثر کی شمشیرِ عریاں کو رکھا۔ اکبرؔ نے اس کے بجائے نظم کے نشتر کو اختیار کیا۔ بنکم کی تلوار کی کاٹ سب نے دیکھی، اکبر کا نشتر عموماً زیرِ آستیں رہا۔

جدید تہذیب و تمدن کا ایک بہت بڑا مظہر ''آزادیٔ نسواں'' ہے۔ اس شاندار لفظ کے عقب میں حقیقت عریاں، بے پردگی، بے حجابی اور بے عصمتی کی ہے۔ اکبر کے ترکش کے اکثر تیروں کا ہدف یہی ہے۔

اس تہذیب کا ایک نمایاں کرشمہ یہ ہے کہ جہاں بیوی سے شرم و حیا رخصت ہو چکی ہے وہاں شوہر سے بھی حمیت و غیرت سلب ہو جاتی ہے۔ اکبرؔ کے نگار خانے میں یہ مرقع ایک ممتاز مقام پر آویزاں ملے گا۔

خدا کے فضل سے بیوی میاں دونوں مہذب ہیں　　حجاب ان کو نہیں آتا، انھیں غصہ نہیں آتا

یورپ کی عدالتوں میں مقدماتِ طلاق جس افراط سے دائر ہوتے رہتے ہیں اور شہادتوں میں جیسے جیسے حیا سوز واقعات کا انکشاف ہوتا رہتا ہے وہ وہاں کی زندگی کا جزو بن چکے ہیں، اور ''صاحب'' کے قدموں کے طفیل ہندستان بھی ان ''برکتوں'' سے مستفید ہو چلا ہے۔ اب یہاں بھی ایسے واقعات اَشّاذ کالمعدوم کے حکم میں نہیں رہے ہیں۔لیکن یہاں ابھی احساسِ حمیت و غیرت بہر حال کچھ نہ کچھ زندہ ہے اس لیے واقعہ ہو چکنے کے بعد حسرتیں بھی ہوتی رہتی ہیں اور ندامتیں بھی۔ یہ کیفیت اکبر کی زبان سے سنیے۔

کیا گزری جو اک پردہ کے عدو رو رو کے پولس سے کہتے ہیں
عزت بھی گئی، دولت بھی گئی، بیوی بھی گئی، زیور بھی گیا

اکبرؔ دنیوی حیثیت سے بھی ایک خاصے بڑے آدمی تھے۔ وطن (الہٰ آباد) میں ''عشرت منزل'' کے نام سے کوٹھی (اپنے صاحبزادے کے نام پر) بنوائی۔ ایک زمانہ میں وہ واقعی عشرت منزل ہی تھی۔ دعوتیں، جلسے، اسپیچیں، شعر و سخن، چہل پہل، فرنیچر اور سامان آرائش وغیرہ۔ آخر زمانہ میں حالت اس کے ٹھیک برعکس۔ پہلے محبوب بیوی نے داغِ مفارقت دیا، پھر نوجوان محبوب بیٹا رخصت ہوا۔ جج صاحب کی پنشن ہوئی، آنکھیں خراب ہوئیں، صحت نے جواب دیا۔ بڑے صاحبزادے پردیس میں ملازم۔ مکان سنسان، پائیں باغ ویران، سامانِ آرائش و نمائش غائب۔ ہر طرف سناٹا چھایا ہوا۔ ہو حق کا عالم۔ ایک حضرتِ اکبرؔ خود، ایک مرد ملازم، ایک بوڑھی ماما بس کل اتنی آبادی۔

ایک جگہ بے پردگی اور تعلیمِ نسواں کو لازم و ملزوم بتاتے ہیں اور دو مختلف مفہوموں (پردہ اٹھنے اور تعظیم کے لیے اٹھنے) کے لیے لفظ اٹھنے کے اشتراک سے کیا خوب شاعرانہ استدلال کا کام لیتے ہیں۔

مجلسِ نسواں میں دیکھو عزتِ تعلیم کو — پردہ اٹھنا چاہتا ہے علم کی تعظیم کو

تخیّل تو شاعرانہ لیکن اس واقفیت کو بھی اپنے دامن میں سمیٹے ہوئے کہ پردہ شکنی کی حمایت

میں ہے بھی تو بڑی دلیل یہی کہ پردہ کی چار دیواری کے اندر رہ کر علم کی تازہ ہوا نصیب ہونا ممکن کہاں؟ اور ''علم و تعلیم'' کے جو معنی اس گروہ کے ذہن میں ہیں ان کے لحاظ سے یہ قول ہے بھی بالکل بجا۔

ہمارے ہاں بہترین عورت کا تخیّل یہ تھا کہ شروع سے دبی کچلی رہے، خانہ داری کے طور طریقے سیکھے کہ آگے چل کر اسے گھر کی ملکہ بننا ہے۔ بچپن میں والدین کی اطاعت اور شادی کے بعد شوہر کی رضامندی کو پروانۂ جنّت خیال کرے۔ خانگی شیرازہ اس کی ذات سے بندھا ہوا رہے۔ خاندان کی مسرتیں اس کے دم سے قائم رہیں۔ صحیح معنی میں ''اہل خانہ'' ثابت ہو۔ اولاد کو تربیت کے بہترین راستہ پر ڈال سکے۔ شوہر کی عزت و محبت، بڑوں کی تعظیم و خدمت گزاری اور چھوٹوں کے الفت و شفقت کے جذبات لے کر دنیا میں آنکھ کھولے اور انھیں جذبات کے ساتھ دنیا سے رخصت ہو۔ فرنگیوں کے یہاں عورت کی عزّت کا معیار ہی کچھ دوسرا ہے۔ ان کے نزدیک عورت کا یہ مشرقی تخیّل عورت کے لیے باعثِ توہین ہے، موجبِ تحقیر ہے۔ ان کے فرہنگ میں ادب و تعظیم، اطاعت و خدمت و گزاری مرادف ہیں محکومی کے، غلامی کے۔ ان کا قول کہ عورت اپنے کو چھپانے کے لیے نہیں، دکھانے کے لیے آئی ہے۔ اس کا کام یہ نہیں ہے کہ جب دیکھیے گھر ہی کے اندر شوہر کے یا ساس نند کے پہلو سے لگی بیٹھی ہے۔ وہ عورت ہی کیا جس کے حسنِ گفتار، حسنِ رفتار، حسنِ صورت، زیب و زینت، خوش لباسی، گلے بازی، رقاصی کے چرچے، ''سوسائٹی'' میں عام نہ ہوں۔ اخبارات میں اس کے فوٹو شائع ہوں۔ اس کا نام زبانوں پر لذت کے ساتھ آئے۔ اس کا جلوہ آنکھوں میں چمک پیدا کردے اور اس کا تصور دلوں میں شوق۔ بہترین عورت وہ نہیں جو بہترین بیوی ہو یا بہترین ماں، بلکہ وہ ہے جس کی ذات دوست احباب کی خوش وقتیوں کا دلچسپ ترین ذریعہ ہو اور ایسی ہو کہ اس کی رعنائی و دلربائی کے نقش ثبت ہوں۔ کلب کے در و دیوار پر، پارک کے سبزہ زار پر، ہوٹل کے کوچ اور صوفے پر۔

''ہمارے'' اور ''ان کے'' تخیّل کے اس بُعدِ المشرقین کو اقلیمِ لفظ و معنی کا یہ تاجدار دو لفظوں

میں جس جامعیت اور جس بلاغت کے ساتھ بیان کر جاتا ہے، یہ اسی کا حصہ تھا ۔

حامدہ چمکی نہ تھی، انگلش سے جب بیگانہ تھی　　　اب ہے شمعِ انجمن پہلے چراغِ خانہ تھی

''چمکی'' میں وہ بے پناہ بلاغت ہے کہ سننے والا لوٹ لوٹ جائے ۔ یہ ''چمک'' مخصوص ہے ''نئی روشنی'' کی چمنیوں کے ساتھ پرانے فانوسوں میں، ڈیوٹ والے چراغوں میں چمک دمک بھلا کہاں! شرم وحیا سے آزادی، دنیا کی دلستانی کے لیے ناز وانداز، قابلیت کے جوہر کی جِلا یہ سب کچھ اس ننھے سے لفظ ''چمکی'' سے ظاہر و آشکار، اور یہ ''شمعِ انجمن'' اور ''چراغِ خانہ'' کی مثال کس قدر روشن، کیسی ضیابار! تشبیہہ کی تشبیہہ اور پھبتی کی پھبتی! شعر کیا ہے بیسویں صدی کی ''کالج گرل'' کی قدِ آدم تصویر۔

■■

شاہد احمد دہلوی

شاہد احمد دہلوی، ڈپٹی نذیر احمد کے پوتے اور بشیر الدین احمد کے سب سے چھوٹے صاحبزادے تھے۔ ۲۲ رمئی ۱۹۰۶ء کو دلّی میں پیدا ہوئے۔ ابتدائی تعلیم خانگی طور پر شروع کی۔ انگریزی والد سے پڑھنے لگے۔ پھر انھیں علی گڑھ کے ایم۔اے۔او۔اسکول میں داخل کر دیا گیا لیکن عدمِ تعاون کی تحریک کے دوران وہ علی گڑھ سے واپس بلا لیے گئے۔ ۱۹۲۳ء میں دلّی سے میٹرک کا امتحان پاس کرنے کے بعد لاہور جا کر ایف-سی- کالج میں داخلہ لے لیا۔ میڈیکل کورس اُن کے مزاج سے لگا نہیں کھا سکا۔ اس لیے دلّی چلے آئے اور وہاں انگریزی ادب میں بی۔اے۔ کی ڈگری لی۔ ۱۹۳۰ء میں دلّی سے ''ساقی'' نام کا ماہنامہ شروع کیا جو اپنی علمی و ادبی خدمات کی وجہ سے اُردو ادب میں کافی اہمیت رکھتا ہے۔ تقسیم کے بعد پاکستان منتقل ہو گئے اور متعدد نشیب و فراز سے گزرے۔

شاہد احمد دہلوی اُردو کے اُن نثر نگاروں میں سے ہیں جن کی زبان اور طرزِ بیان کا جادو سر چڑھ کر بولتا ہے۔ ان کی سلیس، شُستہ اور پُر اثر تحریر دیکھ کر یہ تسلیم کرنا پڑتا ہے کہ وہ صحیح معنوں

میں نذیر احمد کے ورثے کے حق دار ہیں۔ نثر کے جس اسلوب نے نذیر احمد کو اُردو کے عناصرِ خمسہ میں شامل کروایا، اس اسلوب کی ترقی یافتہ شکل شاہد احمد کی تحریر میں جا بجا نظر آتی ہے۔

یوں تو شاہد احمد نے کئی مضامین اور مقالات قلمبند کیے ہیں لیکن ان کی تصنیف ''گنجینۂ گوہر''، جس میں اُردو کے کئی مشہور و مقبول ادیبوں اور شاعروں کے خاکے ہیں، کافی اہم ہے۔ اس کتاب میں شاہد احمد نے دلّی کی مستند اور شُستہ زبان میں اپنے بزرگوں، دوستوں اور عزیزوں کی زندگی کے خاکے اور ان کی سیرتوں کے نمایاں پہلو پیش کیے ہیں۔ میر ناصر علی پر لکھا ہوا خاکہ اسی کتاب میں شامل ہے۔

شاہد احمد دہلوی کی وفات ۱۹۶۷ء میں کراچی میں ہوئی۔

میر ناصر علی

اللہ بخشے میر ناصر علی دلّی کے اُن وضع دار شرفا میں سے تھے جن پر دلّی کو فخر تھا۔ عجب شان کے بزرگ تھے۔ ''بزرگ'' میں نے انھیں اس لیے کہا کہ میں نے جب سے ہوش سنبھالا انھیں بزرگ ہی دیکھا۔ سوکھ کر چمرخ ہو گئے تھے۔ خش خشی داڑھی پہلے تل چاولی تھی پھر سفید ہو گئی تھی۔ کتری ہوئی لبیں۔ پوپلا منہ، دہانہ پھیلا ہوا، بے قرار آنکھیں، ماتھا کھلا ہوا، بلکہ گدّی تک ماتھا ہی چلا گیا تھا۔ جوانی میں سرو قد ہوں گے، بڑھاپے میں کمان کی طرح جھک گئے تھے۔ چلتے تھے تو پیچھے دونوں ہاتھ باندھ لیتے تھے۔ مستانہ وار جھوم کر چلتے تھے۔ مزاج شاہانہ، وضع قلندرانہ، ٹخنوں تک لمبا کُرتہ، گرمیوں میں موٹی ململ یا گاڑھے کا، اور جاڑوں میں فلالین یا وائل کا۔ اس میں چار جیبیں لگی ہوتی تھیں۔ جنھیں میر صاحب کہتے تھے، ''یہ میرے چار نوکر ہیں''۔ گلے میں پٹکا یا گلوبند، سر پر کبھی کپڑے کی پیچ گول ٹوپی اور کبھی صافہ۔ گھر میں روئی کا کنٹوپ بھی پہنتے تھے اور اُس

کے پاکھے الٹ کر کھڑے کر لیتے۔ جب چغہ پہنتے تو عمامہ سر پر ہوتا۔ اک سراپا جامہ، ازار بند میں کنجیوں کا گچھا۔ پاؤں میں مری کی سلیم شاہی، کسی صاحب بہادر سے ملنے جاتے تو انگریزی جوتا پاؤں میں اَڑا لیتے۔

آپ سمجھے بھی۔ یہ میر ناصر علی کون ہیں؟ یہ وہی میر ناصر علی ہیں جو اپنی جوانی میں بوڑھے سرسید سے اُلجھتے سلجھتے رہتے تھے۔ جنھیں سرسید از راہِ شفقت ''ناصحِ مشفق'' لکھتے تھے۔ تہذیب الاخلاق کے تجدّد پسند رجحانات پر انتقاد اور سرسید سے سخن گسترانہ شوخیاں کرنے کے لیے آگرہ سے انھوں نے ''تیرھویں صدی'' نکالا اور نیچریوں کے خلاف اس دھڑلّے سے مضامین لکھے کہ ان کی دھوم مچ گئی۔ ''تیرھویں صدی'' بند ہوا تو ''زمانہ''، ''زمانہ'' کے بعد ''افسانۂ ایام'' اور ''افسانہ ایام'' کے بعد ''ناصری'' نکالا۔ یہ بعد کے دونوں پرچے میر صاحب کے چھوٹے بھائی میر نصرت علی کے نصرت المطابع میں چھپتے تھے۔ جب میر صاحب پنشن لے کر دلّی ہی میں رہنے لگے تو انھوں نے اپنا ایک ہینڈ پریس لگا لیا اور اس کا نام ''مطبع ناصری'' رکھا۔ ۱۹۰۸ء میں اسی مطبع سے میر صاحب نے ''صلائے عام'' شائع کرنا شروع کیا جو ان کے سال وفات ۱۹۳۳ء تک چھپتا رہا۔ یہ سب پرچے اعلیٰ اُردو لٹریچر کے لیے وقف تھے اور ان میں بیشتر مضامین میر صاحب ہی کے ہوتے تھے۔ ''صلائے عام'' کے دو مستقل عنوان تھے ''پیرایۂ آغاز'' اور ''مضمونِ پریشاں''۔ ''پیرایۂ آغاز'' رسالے کا دیباچہ ہوتا تھا جس میں میر صاحب مضامین نظم و نثر کا تذکرہ بڑے انوکھے انداز میں کرتے تھے۔ ''مضمونِ پریشاں'' ٹکڑے ٹکڑے مضمون ہوتا تھا جس کا ہر ٹکڑا ایک مکمل خیال پیش کرتا تھا۔ اسے دلِ صد پارہ یا ہزار جامہ سمجھنا چاہیے۔ میر صاحب پچیس سال تک ان عنوانوں کے تحت خود لکھتے رہے اور نت نئی بات کہتے رہے۔ نازک خیالی اور پاکیزہ بیانی ان کا شیوہ تھا۔ صاحب طرز ادیب تھے۔ ان کے اندازِ تحریر پر بہت سوں کو رشک آیا۔ بعض نے کوشش کر کے نقل اتارنی چاہی تو دو فقرے بھی نہ لکھے گئے اور خون تھوکنے لگے۔ اردو میں انشائے لطیف کے موجد میر صاحب ہی تھے۔ ان کا اندازِ بیان اُنھی کے ساتھ ختم ہو گیا۔ غضب کی علمیت

تھی ان میں ۔انگریزی، فارسی اور اُردو کی شاید ہی کوئی معروف کتاب ایسی ہو جس کا مطالعہ میر صاحب نے نہ کیا ہو۔کتاب اس طرح پڑھتے تھے کہ اس کے خاص خاص فقروں اور پاروں پر سرخ پنسل سے نشان لگاتے جاتے تھے اور کبھی کبھی حاشیے پر کچھ لکھ بھی دیا کرتے تھے۔ ہزاروں لاکھوں شعر فارسی اور اُردو کے یاد تھے۔حافظہ آخر تک اچھا رہا۔انگریزی اچھی بولتے تھے اور اس سے اچھی لکھتے تھے۔ساٹھ پینسٹھ سال انھوں نے انشا پردازی کی داد لی۔

نمک کے محکمے میں ادنیٰ ملازم بھرتی ہوئے تھے، اعلیٰ عہدے سے پنشن لی۔حکومت کی نظروں میں بھی معزز ٹھہرے۔"خان بہادر" کا خطاب ملا۔دلّی میں آنریری مجسٹریٹ رہے، اور پاٹودی میں نو سال چیف منسٹر۔

میر صاحب فارسی اور اردو اور انگریزی کے بہت بڑے عالم تھے مگر عربی واجبی ہی جانتے تھے۔ان کے باپ دادا نہایت جیّد قسم کے علما میں شمار ہوتے تھے اور مناظرہ کرنے میں انھوں نے اتنی شہرت حاصل کر لی تھی کہ امام المناظر کہلاتے تھے۔مگر میر صاحب کو مذہبیات سے کوئی مناسبت نہ تھی۔انھوں نے باپ سے چھُپ کر انگریزی پڑھنی شروع کی تھی۔جب ان کے والد کو اس کی سُن گُن ملی تو بہت ناراض ہوئے اور انھیں سختی سے منع کیا۔مگر میر صاحب کا مطالعہ جاری رہا۔اور اس کی پاداش میں انھیں گھر سے علیٰحدہ کر دیا گیا۔فرماتے تھے کہ "گھر سے نکلنے کے بعد ہم نے عرب سرا میں پانچ روپے مہینے کی ٹیوشن کر لی۔عرب سرا آنے جانے میں بہت وقت لگتا تھا، اس لیے ہم یہ کرتے کہ گھر سے دو کتابیں لے کر چلتے۔ایک کتاب جاتے میں ختم کر دیتے اور دوسری آتے میں۔ یوں ہمارا راستہ بھی کٹ جاتا اور ہمارا مطالعہ بھی ہو جاتا۔" مطالعہ کی عادت انھیں ساری عمر رہی اور ساری دنیا کا ادب اور فلسفہ انھوں نے چاٹ لیا۔

میر صاحب کو بحث و مباحثے کی عادت بالکل نہیں تھی۔"سچ کہتے ہو سچ کہتے ہو" کہہ کر ٹال جاتے تھے۔اگر اتفاق سے کہیں الجھنا ہی پڑ جاتا تو ان کے علم کے سمندر میں جوار بھاٹا آ جاتا۔ بس پھر حریف کا جب تک بیڑا غرق نہ کر لیتے انھیں چین نہ آتا۔عربی کی کمی بعض دفعہ بُری طرح

محسوس کرتے تھے۔ معقولات میں تو بھلا کون ان سے جیت سکتا تھا، البتہ جب کوئی منقولات پر اُتر آتا تو میر صاحب ایک دم سے خاموش ہو جاتے۔ فرماتے تھے کہ ''مولوی صاحب عربی کے حوالے دینے لگتے ہیں، میں اس لیے خاموش ہو جاتا ہوں کہ ان کی بات میری سمجھ میں نہیں آتی، اور وہ یہ سمجھ کر خوش ہو جاتے ہیں کہ دیکھو کس دھڑلّے سے قائل کیا۔''

میر صاحب جب باتیں کرتے تو مسکراتے بھی جاتے۔ ان کی باتیں عموماً ہنسی مذاق ہی کی ہوتی تھیں۔ انھیں کبھی کسی سے سنجیدہ گفتگو کرتے یا علمی بحث کرتے میں نے نہیں دیکھا۔ ہمیشہ ظرافت کی کوئی بات کہتے، اوروں کو ہنساتے اور خود بھی ہنستے۔ مگر اُن کی ہنسی میں آواز نہیں ہوتی تھی۔ مولویوں کا مذاق اکثر اُڑاتے تھے۔ ایک دفعہ نہ جانے مولویوں کی برات میں کیسے جا پھنسے۔ دلہن والوں نے برات کو کھانا بھی دیا تھا۔ میر صاحب دسترخوان پر تو بیٹھ گئے مگر کھانا انھوں نے نہیں کھایا۔ ان کے ساتھ ان کا ایک کم عمر پوتا تھا، اس سے بولے ''تو کھالے'' جب لڑکا کھا چکا تو میر صاحب بولے، ''ابے جنّت میں جھاڑو نہ دے گا تو مولوی ناراض ہو جائیں گے۔'' یہ کہہ کر ایک جغادری مولوی کی طرف دیکھ کر کہا، ''کیوں صاحب؟'' اور پھر لڑکے سے بولے، ''رکابی کو اس طرح چاٹ کہ تُس بھی باقی نہ رہے۔''

میر صاحب کو اپنی بیوی سے بڑی محبت تھی۔ ہر سال اپنی شادی کی سال گرہ منایا کرتے تھے۔ تیسرے پہر سے گھر والے اور قریبی عزیز جمع ہونے شروع ہوتے۔ کھان پان ہوتا۔ بیوی دلہن بنتیں، مہمانوں کے ہالے میں آ کر بیٹھتیں اور میر صاحب انھیں ایک سونے کی انگوٹھی پہناتے۔ مبارک سلامت کا شور مچتا، ہنسی مذاق کی باتیں ہوتیں اور ایک ایک کر کے رات گئے تک مہمان رخصت ہوتے۔ بیوی کے انتقال کے بعد میر صاحب بیس پچیس سال جیے مگر انھوں نے دوسری شادی نہیں کی اور ادب و فلسفہ کے مطالعے میں اور زیادہ منہمک ہو گئے۔

جب میر صاحب پنشن لے کر دلّی آ گئے تو یہ حویلی بڑی پُر رونق ہو گئی تھی۔ جہاں تک ممکن ہوتا تھا میر صاحب اپنی اولاد کو اپنے سے جدا ہونے نہیں دیتے تھے۔ بڑے بیٹے نے یکے بعد

دیگرے کئی ملازمتیں کیں۔ آخر ہار کر گھر بیٹھ رہے اور ''صلائے عام'' کا سارا انتظام میر صاحب نے انھیں سونپ کر دو سو روپے ان کے مقرر کر دیے تھے۔ چھوٹے بیٹے ملازمت کے سلسلے میں ہمیشہ باہر ہی رہے۔ زنانہ گھر میں دو بیاہی بیٹیاں بھی رہتی تھیں۔ میر صاحب بڑے سیر چشم اور کنبہ پرور آدمی تھے۔ اولاد اور اولاد کی اولاد کو تو خیر بھرتے ہی تھے، دور پرے کے رشتہ داروں کا بھی خیال رکھتے تھے۔ ایک صاحب تھے جو کتابت کرتے تھے۔ خط بہت اچھا نہیں تھا مگر میر صاحب نے انھیں ''صلائے عام'' کی کتابت کرنے کے لیے رکھ لیا تھا۔ انھی صاحب کے ایک صاحبزادے تھے انھیں اپنے مطبعِ ناصری کا مینجر مقرر کر لیا تھا۔ جنرل مینجر میر صاحب کے بڑے صاحبزادے تھے۔ مطبعِ ناصری نیچے میر صاحب ہی کی دکانوں میں سے ایک میں تھا۔

بالاخانے پر ایک بہت بڑی کھلی ہوئی چھت تھی جو دونوں طرف کے عملے کے درمیان صحن کا کام دیتی تھی۔ اس پر چاروں طرف پھولوں کے گملے لگے ہوئے تھے۔ اور بیلیں چڑھی ہوئی تھیں۔ بیچ میں بازار کے رخ ایک گز اونچی کرسی دے کر سنگِ مرمر کا ایک شہ نشین نصب کیا گیا تھا۔ اس میں بیٹھ کر بازار کی سیر کی جا سکتی تھی اور اسی حصّے میں کبھی مشاعرے ہوتے اور کبھی ''شبِ ماہ'' منائی جاتی۔

''شبِ ماہ''، چودھویں کے چاند میں منائی جاتی تھی۔ اس میں خاص اہتمام کیا جاتا تھا کہ جہاں تک ممکن ہو ہر چیز سفید ہو۔ چنانچہ دھوپ ڈھلتے ہی چھڑکاؤ کیا جاتا۔ شام ہوتے ہوتے اُجلی اُجلی چاندنیوں کا فرش ہو جاتا۔ چاروں طرف سفید گاؤ تکیے لگ جاتے۔ چنگیزیوں میں چنبیلی اور موتیا کے پھول رکھے جاتے۔ اِدھر چاند کھیت کرتا اُدھر مہمان سفید بُراق انگرکھے دربر اور سفید دوپلیاں برسر آنے شروع ہو جاتے اور تکیوں کے سہارے بیٹھتے جاتے۔ پیچوانوں سے خمیرے کی لپٹیں اُٹھتی رہتیں۔ چاندی کی تھالیوں میں گنگا جمنی ڈبیاں رکھی ہوتیں۔ بڑی ڈبیا میں پان، اس سے چھوٹی میں چھالیا، اس سے چھوٹی ڈبیوں میں کسی میں چوگھڑا، الائچیاں، کسی میں زردے کی ننھی ننھی گولیاں، ورقِ نقرہ میں لپٹی ہوئی۔ سفید بلور کے آب دانوں میں برف پڑی

ہوئی ان کے گرد گلاس سجے ہوئے۔ جلسہ شروع ہونے سے پہلے دودھ کے شربت کا دور چلتا۔ اس سے فارغ ہونے کے بعد مہمانوں ہی میں سے کسی کو صدر بنا کر بٹھا دیا جاتا اور محفلِ مشاعرہ شروع ہو جاتی۔ ایسے ویسے کا یہاں بھلا گزر کہاں۔ دلّی کے چیدہ چیدہ اہلِ کمال بلائے جاتے تھے۔ ہندو مسلمان سبھی شریک ہوتے تھے۔ سب اپنا اپنا منتخب کلام سناتے اور خاطر خواہ داد پاتے۔ میر صاحب جیسے سخن سنج سے واہ واہ لینے کے سب مشتاق۔ میر صاحب کا داد دینے کا طریقہ سب سے نرالا ہے۔ وہ تڑپ کر داد دینے کے قائل نہیں ہیں۔ بڑے سکون سے شعر سنتے ہیں اور بڑے اطمینان سے داد دیتے ہیں۔ شعر کے ایک ایک لفظ پر ان کی نظر رہتی ہے۔ ''بھئی واہ۔ یہ لفظ اچھا آیا'' ''یہ ٹکڑا اس میں خوب کہا'' ''پہلا مصرع تو شاید کوشش کر کے میں بھی کہہ لیتا، مگر دوسرا مصرع تو میں کوشش کر کے بھی نہیں کہہ سکتا'' ''اگر تم یوں نہ کہتے تو میں ناراض ہو جاتا۔'' غرض کوئی دو گھنٹے ڈھائی گھنٹے یہ مشاعرہ جاری رہتا اور اسی شائستگی کے ساتھ برخاست ہوتا اور سارے مہمان مطمئن و خوش رخصت ہوتے۔

میر صاحب کا کتب خانہ ایک زمانے میں دلّی کے بہترین کتب خانوں میں شمار ہوتا تھا۔ یوں تو اس میں تمام علوم کی کتابیں تھیں مگر تاریخ، ادب اور فلسفہ کی کتب کا ذخیرہ بے مثل تھا۔ افسوس کہ اس کتب خانے کی بہار ان کی زندگی ہی میں لُٹ چکی تھی۔ اس کی بیش بہا کتب چوری ہو ہو کر کوڑیوں کے مول ردّی خریدنے والے کباڑیوں میں پہنچتی رہیں۔ میر صاحب اکثر اپنی کتابیں چوک سے دوبارہ خرید کر لایا کرتے تھے۔ پھر وہ اپنے لٹنے پر قانع ہو گئے تھے۔ ان کے انتقال کے وقت بھی ان کے لُٹے کھٹے کتب خانے میں چار ہزار کتابیں تھیں جو اُن کے ورثا میں تقسیم ہو گئیں۔ اور اُن کا کتب خانہ سخی کے دل کی طرح صاف ہو گیا۔

نوادر جمع کرنے کا بھی میر صاحب کو شوق تھا۔ کتب خانے کا ایک حصّہ عجائب خانہ بنا ہوا تھا۔ اس میں قلمی تصویریں، خطّاطی کے نمونے، قطعات، دست کاری کے اعلیٰ نمونے، تاریخی نوادر، قلمی کتابیں، سکّے اور بعض بے حد قیمتی چیزیں شامل تھیں۔ کتب خانہ اور عجائب خانہ میں کسی کو جانے

کی اجازت نہ تھی۔ جب میر صاحب خوب جانچ لیتے تھے کہ واقعی کوئی قدردان آپہنچا ہے تو اُسے ازراہِ نوازش خود اپنے ساتھ لے جاتے تھے۔ اور پھر غضب یہ کرتے کہ اس کا امتحان لیتے۔ ''اچھا بتاؤ تمھیں اس تصویر میں کیا خوبی نظر آتی ہے؟'' ''میر پنجہ کش کی اس وصلی میں تم نے کیا بات دیکھی؟'' اگر کسی نے کوئی قرینے کی بات جواب میں کہہ دی تو میر صاحب خوش ہو کر اُسے ایک ایک چیز دکھاتے۔ اور کوئی اینڈی بینڈی اس کے منہ سے نکل گئی تو میر صاحب کی طبیعت مکدّر ہو جاتی اور فرماتے۔ ''کیوں آپ اپنا اور میرا وقت ضائع کرتے ہیں؟ یہ آپ کے ذوق کی چیزیں نہیں ہیں، کہیں اور جا کر اپنا جی بہلائیے۔'' اور باہر لا کر اسے بڑی رکھائی سے رخصت کر دیتے۔ اسی کھرّے پن سے لوگ میر صاحب سے گھبراتے تھے اور اکثر انھیں سنکی سمجھتے تھے۔

بددماغی کے باوجود کبھی اپنی ناقدری کا ملال بھی اُنھیں ضرور ہوتا تھا۔ فرماتے تھے ''کبھی کسی اہلِ کمال کی اس کے وقت نہ قدر ہوئی ہے نہ ہوگی۔ اب ہر شخص کی زبان پر غالبؔ اور مرزا غالبؔ ہے۔ زندگی میں غریب کو کوئی پوچھتا تک نہیں تھا۔ ہم نے دیکھا کہ کرائے کے ادنیٰ مکان میں پڑے رہتے تھے۔ بے چارے کو نہ گھر کا گھر نہ آرام سے کھانا نصیب ہوا۔ زندگی بھر مصیبتیں جھیلتے جھیلتے مر گئے۔ اب غالبؔ پرستی شروع ہوئی ہے۔ فرمائیے غالبؔ کے کس کام کی؟''

سنتے چلے آئے ہیں کہ پہنے جگ بھاتا اور کھائے من بھاتا مگر میر صاحب پہننے اور کھانے دونوں میں اپنی پسند کو ترجیح دیتے تھے۔ خوش خوراک اور نفیس مزاج آدمی تھے۔ کھانا پکانے پر رکاب دار خانساماں ان کے ہاں نہیں رکھا جاتا تھا۔ مامائیں رکھی جاتی تھیں۔ میر صاحب ازراہِ تفنّن کہتے تھے کہ ''جب تک آٹا گوندھنے میں چوڑیوں کی دھوون شامل نہ ہو روٹی میں مزہ کیسے آسکتا ہے؟'' ویسے اوپر کے کام پر بڈّھے اور لڑکے ہمیشہ نوکر رکھے جاتے تھے۔ دونوں وقت کا کھانا زنانے میں سے پک کر آتا تھا۔ صبح اور تیسرے پہر کی چائے کا اہتمام مردانے میں خود کرتے تھے۔

یہ عجیب بات ہے کہ میر صاحب کو اپنی زندگی میں عورت سے کوئی دلچسپی نہیں تھی۔ بلکہ ایک طرح سے عورت سے متنفر کہے جاسکتے ہیں۔ ان کے کسی پرچے میں عورت کا کوئی مضمون یا غزل کبھی نہیں چھپی۔ کبھی کسی خاتون کا تذکرہ تک انھیں منظور نہ تھا۔ دراصل جب وہ مردوں ہی کو نہیں گانٹھتے تھے تو بھلا عورتوں کو کیا گھاس ڈالتے۔ مگر اُن کی یہ نفرت بس اسی حد تک تھی ورنہ عورت کی تعریف میں تو انھوں نے ایسے ایسے نفیس نفسیاتی نکتے بیان کیے ہیں کہ مہدی افادی جیسا بانکا ادیب بھی پھڑک کر کہتا ہے ''میں آپ میں یونانیوں کی سی لطافتِ خیال پاتا ہوں۔'' اور پھر میر صاحب ہی کے اندازِ بیان سے متاثر ہو کر اپنا وہ بے پناہ مضمون پیش کرتا ہے جس میں اس نے فلسفۂ حُسن و عشق بیان کیا ہے۔ میر صاحب کے مضامین میں عورت کے متعلق ان گنت نشتر ہیں۔ ان میں سے چند یہاں نقل کرتا ہوں:

''عورت جب منہ پھیر کر چلنے کے لیے اُٹھ کھڑی ہو تو اس کے یہ معنی ہیں کہ یہ چاہتی ہے کہ کوئی دوڑ کر دامن پکڑ لے۔''

''عورت کے لیے اس قدر بس نہیں ہے کہ مرد کا دل ہاتھ میں رکھے بلکہ جب ہاتھ آجائے تو تنگ رکھے کہ یہ نسخۂ تسخیر ہے۔''

''اکیلے مے نوشی عیش میں داخل نہیں۔ کسی غارت گردین آفتِ ہوش کے ساتھ اگر یہ لطف میّسر ہو تو ایسے میں رحمتِ الٰہی پر ایمان نہ رکھنا ضعفِ عقائد میں داخل ہے۔''

''کسی کے خیال میں اپنی جان کو خوش رکھنا بُرا نہیں۔ خاص کر ایسی محبت جس میں یار کا مسکرانا یہ بتائے ع نہ دیکھ اس وقت میں ہوتی ہوں بدنام''

''محبت وہ چیز ہے جو سامان و اسباب کی محتاج نہیں۔ محبت کے لیے ایک اکیلا دل چاہیے۔''

''عورت کیسی ہی آوارہ کیوں نہ ہو مگر پارسائی پر جان دیتی ہے۔''

''حسینوں کو شاعروں سے شاعر مزاج زیادہ پسند ہیں۔ ان کے لیے موزونیٔ طبع بے کار ہے

ان کو اس خیال میں مزہ آتا ہے کہ کسی کو ہمارا خیال ہو اور ہمیں کسی کا۔"

"وہ حسین عورت بھولنے کی چیز نہیں جو لڑکپن سے نکلتی جوانی میں کسی کے خیال میں ہو۔ ایسی عورت کو اپنے چاہنے والے سے یہ سننے کی تاب نہیں کہ رات زیادہ گئی ہے۔ اس کی ایک رات الف لیلیٰ کی ہزار رات سے بہتر ہے۔"

"یہ عورت جو دامن کشاں جا رہی ہے اس کو آپ کی بے التفاتی کا رنج ہے۔ یہ چاہتی ہے کہ آپ کسی اور کی طرف نہ دیکھیں۔"

"حسین عورت جب کسی سے بچ کر نکلے تو اس کا اس قدر نقصان نہیں جس قدر کہ اپنا ہے۔"

"آپ یہ نہ سمجھیں کہ مرد عورت سے بازی لے جاتا ہے، مرد اگر کسی عورت کو دغا دے تو بھی عورت ہی کا مارا سمجھیے۔"

"تمام عالم میں حسینوں کی کم سنی سے زیادہ کوئی چیز دل سے قریب نہیں جن کی کھلی یا بندھی سر کی چوٹیاں درازیٔ عمر کا جواب ہیں۔"

"خدا نے عورت کو بالطبع عیش پسند پیدا کیا ہے۔ عورت کے لیے عیش سلطنت کا جلوس ہے۔"

"عورت کے پاؤں فرشِ مخملیں چاہتے ہیں۔ مرد کے پیر کانٹوں کے لیے بنے ہیں۔"

"مصائب میں عورت کا حال شاخِ گل کا سا ہے۔ جو آندھی میں جھک جاتی ہے اور جہاں ہوا تھمی پھر سیدھی ہو گئی۔"

"عورت کا دماغ ہمیشہ بہار کا نمونہ سمجھیے جس میں خزاں کو دخل نہیں۔"

"عورت جس بات کا ارادہ کرلے کر گزرتی ہے۔ اس لیے محبت میں زیادہ لطف اس محبت کا ہے جو عورت کی طرف سے ہو اگر عورت چاہے تو سو بہانے سے ملے گی۔ وہ ہی نہ چاہے تو ملنا معلوم ع

یہ اگر چاہیں تو پھر کیا چاہیے؟

"کہتے ہیں کہ محبت میں ہوش نہیں رہتا۔ میری رائے میں مرد کو ہوش نہیں رہتا۔ عورت کو

ہوش رہتا ہے۔''

''عورت کو معلوم ہے کہ میں اکیلی بے کار ہوں۔ میری زندگی کا مدار دوسرے پر ہے جو غیر جنس (مرد) ہے۔''

''یہ بات عورت کی عادت میں داخل ہے کہ منہ چھپائے اور حُسنِ التفات کا دعویٰ کرے۔''

''عورت کو چپکے ہی چپکے گھر میں جان دیتے سُنا۔''

''مرد عشق کرتے ہیں مگر عورت عشقِ مجسّم ہے۔''

''عورت میں محبت کے سوا کسی چیز کی قابلیت ہی نہیں۔''

''محبت بغیر عورت جی نہیں سکتی۔ مرد ہر طرح بھی جی سکتا ہے۔''

''عورت کے دل میں محبت جس قدر جلد اثر کرتی ہے اسی قدر دیر پا بھی ہے۔''

''عورت کے لیے نری پارسائی کافی نہیں، دلربائی اور دلفریبی بھی ضروری ہے۔''

میر صاحب کی آدم بے زاری کا ایک سبب یہ بھی تھا کہ طوالتِ عمر کی وجہ سے ان کے تقریباً سارے ساتھی ایک ایک کر کے اُٹھ گئے تھے اور وہ اس بھری دنیا میں اکیلے رہ گئے تھے۔ حد یہ کہ ان کے چھوٹے بھی ان کے سامنے ہی رخصت ہو گئے۔ مولوی نصرت علی، میر صاحب کے چھوٹے بھائی جو تین سال چھوٹے تھے ان سے چھ مہینے پہلے سدھار گئے۔ یہ بھی عجب شان کے بزرگ تھے۔ سو سے زیادہ ان کی تصانیف ہیں۔ ایک لغت بھی انھوں نے سات زبانوں کی مرتب کی تھی۔ اپنا چھاپہ خانہ اور اپنا اخبار تھا۔ سالہا سال تک ان کا اخبار چھپتا رہا مگر آج نصرت علی مرحوم کو کوئی بھی نہیں جانتا۔ خود میر ناصر علی کو لوگ ان کی زندگی ہی میں بھول گئے تھے۔ ان کے مرنے پر جب ''ناصر نمبر'' ساقی نے نکالا تو لوگ چونکے کہ ہائیں! کوئی اتنا بڑا ادیب بھی تھا جو مر گیا؟ کتنی بے رحم ہے موت اور کتنا بے رحم ہے زمانہ! ناصر علی کی موت پر ریاضؔ اور دلگیرؔ جیسے دو چار بڈھے ٹھڈے رو لیے اور بس ہماری بے حسی تو بفضلہٖ اس دیہاتی عورت کی طرح قائم ہے جس نے اکبر بادشاہ کی سناونی سن کر کہا تھا کہ ''جب چھدّو کا باپ نہ رہا تو اکبر کیسے رہ جاتا۔''

میر صاحب بڑے سمجھ دار آدمی تھے۔ وہ جانتے تھے کہ بڑھاپے میں آدمی کس بدرے کو پہنچ جاتا ہے۔ کسی انگریزی کتاب میں انھوں نے پڑھا تھا کہ بڑھاپے میں سب سے دور ہی رہنا ٹھیک ہے۔ جب آدمی ساٹھ سال کا ہو جائے تو اُسے اپنی زندگی یکسر بدل لینی چاہیے۔ اپنی صورت شکل اور لباس کا زیادہ خیال رکھنا چاہیے۔ اس سے جی ذرا ہلکا رہتا ہے۔ کوئی نہ کوئی مشغلہ اس عمر میں ضرور ہونا چاہیے۔ ساٹھ سے نوّے سال کی عمر تک جنازوں میں شریک نہیں ہونا چاہیے کیوں کہ کبھی ایسا بھی ہوتا ہے کہ کسی کو دفنانے کے بعد اپنے دفنائے جانے کی باری آجاتی ہے۔ شادی بیاہوں میں اور عام جلسوں میں شرکت مناسب نہیں ہوتی کیونکہ ان سے اُلجھنیں پیدا ہوتی ہیں اور الجھنوں سے عمر کم ہوتی ہے۔

میرے والد سے میر صاحب کے گوناگوں تعلقات تھے۔ عزیز داری کے، مضمون نگاری کے، وظیفہ خواروں کی انجمن کے، مگر میر صاحب کو میں نے ان کے جنازے میں نہیں دیکھا۔ بعد میں پُرسہ دینے البتہ آئے تھے۔ گھر میں داخل ہوتے ہی بولے ''چلا گیا۔ ہمارا یار چلا گیا۔ جلدی چلا گیا۔ اچھا آدمی تھا۔''

مضمون نگاری، مطالعہ اور نوادر جمع کرنا یہ سب مشغلے ایسے تھے کہ ان کے بعد میر صاحب کو نہ تو کسی سے ملنے کی فرصت ہوتی تھی نہ ضرورت۔ بچوں کے بچوں سے اُن کا جی بہلتا ہی رہتا تھا۔ کوئی ملنے آجاتا تو انھیں طبیعت پر جبر کر کے اس سے ملنا پڑتا۔ جانتے تھے کہ کم علمی کی اور بے کار باتیں کرے گا۔ اس لیے رکھائی سے ملتے تھے۔ طبیعت بھی بڑی بے نیاز پائی تھی۔ نہ ستائش کی تمنّا نہ صلے کی پروا۔ ساری عمر ان کے قدردان ان سے اصرار کرتے رہے کہ اپنے منتخب مضامین کے مجموعے چھاپ دیجیے، مگر انھوں نے کبھی اس کا خیال بھی نہیں کیا۔ میر صاحب کوئی ساٹھ برس کے ہوں گے جب مہدی افادی نے مجموعۂ مضامین نہ چھاپنے کے سلسلے میں انھیں لکھا تھا:

''اس پاکیزہ مجموعے کی ترتیب سے اُردو ادبِ عالیہ میں آپ کی طرف سے مستقلاً قیمتی اضافہ ہوتا جو یادگارِ زمانہ رہتا۔ آپ معاف فرمائیں گے یہ بدترین حق تلفی تھی جو آپ اپنی کر سکتے تھے...''

خود مہدی نے اس مجموعے کا نام ''افادات ِ ناصری'' بھی تجویز کر دیا تھا۔ مگر مہدی مر گئے اور مجموعہ شائع نہ ہوا۔ اس تجویز کے کوئی بیس سال بعد انصار ناصری اور میں نے ڈرتے ڈرتے میر صاحب سے اجازت چاہی کہ ہم اس خدمت کو انجام دیں۔ میر صاحب اس پر رضامند ہو گئے تھے اور ''افاداتِ مہدی'' بھی ان کی نظر سے گزر چکی تھی۔ انصار ناصری نے میر صاحب کی کتاب کا نام ''افاداتِ ناصری'' رکھنا چاہا تو میر صاحب چیں بہ جبیں ہو کر بولے ''میں مہدی سے گھٹ کر نہیں رہنا چاہتا۔ میں نے مقاماتِ حریری اور مقاماتِ حمیدی کے وزن پر ''مقاماتِ ناصری'' سوچا ہے۔'' مگر میر صاحب کی علالت کا سلسلہ شروع ہو چکا تھا۔ وہ انتخابِ مضمون کا کام نہ کر سکے اور پھر اُن کا وقتِ آخر آپہنچا، ان کے مرنے کے بعد اور بہتیرے بکھیڑے پھیل گئے اور یہ کام رہ ہی گیا۔

میر صاحب وضع دار ایسے تھے کہ ساری عمر اُن کے لباس میں کوئی فرق نہیں آیا۔ ''صلائے عام'' پچیس سال جاری رہا۔ پہلا پرچہ جس کاتب نے لکھا تھا آخر کے پرچے تک وہی کتابت کرتا رہا۔ پریس مین بھی شروع سے آخر تک ایک ہی رہا۔ آخر آخر میں ''صلائے عام'' کی اشاعت جب بہت کم ہو گئی تو صرف سو سوا سو پرچے چھپتے اور قدر دانوں میں تقسیم ہو جاتے۔ میر صاحب اس کے لیے دو سو روپے ماہوار آخر تک دیتے رہے اور پرچہ بند کرنے کو اپنی وضع داری کے خلاف سمجھتے رہے۔ اپنے کسی پرچے میں کبھی کوئی اشتہار نہیں چھاپا۔ روزانہ شام کو جامع مسجد کا پھیرا ضرور ہوتا تھا۔ جب تک ان کے دوست احباب جیتے رہے ان سے ملنے اور باز دید کے لیے جاتے رہے۔ نماز پابندی سے نہیں پڑھتے تھے مگر جب پڑھتے تو بڑے خضوع و خشوع کے ساتھ، کبھی کبھی یوں ہی سجدے میں پڑ جاتے۔ عید، بقر عید کے موقع پر گھر کے سب چھوٹے بڑوں کو جمع کر کے عید گاہ ضرور جاتے تھے۔ آخری بقر عید کے موقع پر سخت تکلیف میں مبتلا تھے مگر عید گاہ جا کر ہی نماز ادا کی۔ عید کے دن خاندان کے کُل افراد کو دوپہر کے کھانے پر جمع کرتے تھے۔

میر صاحب کو برش سے دانت مانجھنے کی عادت تھی۔ ایک ایک کر کے سب دانت رخصت ہو گئے۔ آخر میں صرف ایک دانت رہ گیا تھا۔ اس کے لیے بھی برش اور کریم کا اہتمام کرتے

تھے۔

میر صاحب کو ہزاروں شعر یاد تھے۔شعر کا برجستہ مصرف ان سے بہتر کہیں اور نہیں دیکھا۔ لکھنے میں بھی شعر بہت لکھتے اور بولنے میں بھی بات بات پر شعر پڑھتے تھے۔

جب حبسِ بول کی شکایت بڑھ گئی تو میر صاحب زندگی سے مایوس ہو گئے تھے۔فرماتے تھے۔

ختم ہی سمجھو زندگی کے دن　　　　کچھ ورق اور ہیں فسانے کے

انتقال سے چار دن پہلے کا واقعہ ہے کہ مرض الموت کی شدّت میں مبتلا تھے۔ضعف سے آنکھ نہ کھلتی تھی۔ان کے صاحب زادے نے دل بہلانے کے لیے کہا'' دیکھیے آپ کے بیٹے بیٹیاں، پوتے پوتیاں، نواسے نواسیاں، سب آپ کی خدمت کے لیے جمع ہیں۔کیا انھیں دیکھ کر آپ کو خوشی نہیں ہوتی؟''، متبسّم ہو کر بولے ع

''ہو غم ہی جاں گداز تو غم خوار کیا کرے؟''

مرنے سے کچھ دیر پہلے جب ان سے پوچھا گیا کہ اب آپ کی طبیعت کیسی ہے؟ تو فرمایا ۔

سفینہ جب کہ کنارے پہ آلگا غالبؔ　　　　خدا سے کیا ستم و جورِ ناخدا کہیے!

میر صاحب کی آخری آرزو ان کے ایک خط میں درج ہے۔یہ خط انھوں نے اپنے بیٹے انتصار علی صاحب کو لکھا تھا۔

خط کی نقل حاصل کر کے درج کی جاتی:

''بیٹا، میری ایک آرزو یہ ہے کہ کتب خانے والا مکان تکلّف سے آراستہ ہو جائے اور میں دن رات وہیں پڑا رہوں۔تم اگر ساتھ چائے پینے آجاؤ تو کیا کہنا مگر کوئی معمولی ذکر کسی کا نہ ہو۔ کھانا، جب مجھے بھوک لگے، پکا پکایا مل جائے اور کوئی لڑکی آکر کھلا جائے، کوئی نایاب کتاب یا چیز نظر آئے تو مجھے اتنا مقدور ہو کر فوراً خرید لوں۔رات کو بے فکر سوؤں، اور صبح خوش اُٹھوں۔کوئی مسئلہ فلاسفی کا جو سمجھ میں نہ آتا ہو اسے سمجھ لوں اور دوسروں کو سمجھا سکوں۔دنیا کی جتنی کتابیں دل و دماغ کو خوش کر سکیں وہ سب میرے پاس ہوں۔جاڑے میں انگیٹھی ہو اور گرمی میں برف۔

برسات میں کمرے کے اندر بیٹھا ہوں اور وہ ٹپکتا نہ ہو۔ رات کو جلانے کے واسطے Candle Stick کی روشنی ہو۔ اور جو کتاب مجھے پسند ہو وہ میرے سامنے ہو۔ تم اتنا سامان میرے لیے کردو تو I Will Die Happy"

یہ نفیس مزاج انسان ۱۹۳۳ء میں ہم سے رخصت ہوگیا۔ سیمابؔ اکبرآبادی نے "میر ناصر علی خان" سے تاریخِ وفات ۱۳۵۲ھ نکالی۔

■■

ولی دکنی

اردو میں غزلیہ شاعری کی ابتدا ولی سے پہلے ہو چکی تھی اور محمد قلی قطب شاہ کی کلیات سامنے آنے کے بعد یہ واضح ہو گیا تھا کہ وہی اردو کے پہلے صاحبِ دیوان شاعر ہیں۔ اس کے علاوہ ملا وجہی، ابن نشاطی اور غواصی وغیرہ اردو میں شعر کہہ رہے تھے لیکن ولی کی اہمیت اردو شاعری میں اس وجہ سے سب سے زیادہ ہے کہ شمالی ہند میں اردو شاعری کا رواج اُن کے کلام کے وہاں پہنچنے کے بعد ہوا۔ عبدالباری آسی اس ضمن میں کلیاتِ سودا کے مقدمے میں لکھتے ہیں:

"جب ولی دکھنی دلی میں آئے اور اُن کے دیوانِ ریختہ کا شہرہ عالم گیر ہوا تو دلی کے ایک ایک بچہ کے دل میں اردو شاعری کے ذوق وشوق کی آگ بھڑک اُٹھی اور نہ معلوم کتنے بزرگ اس کی طرف متوجہ ہو گئے۔"

دراصل جب ولی شمالی ہند پہنچے تو وہاں فارسی شاعری کا رواج عام تھا۔ اسی کی وجہ یہ تھی کہ ادب اور حکومت کی زبان فارسی تھی۔ البتہ اردو میں فارسی کی پیوند کاری سے مدد لی جارہی تھی لیکن بات بنتی نہ تھی۔ ولی نے اس پیوند کاری میں ہندستانی عناصر اور ماحول کو شامل کر کے ایسی

موزونیت پیدا کر دی کہ اس میں چار چاند لگ گئے اور ہر ایک اس کا دیوانہ ہو گیا۔ انھوں نے اپنی شاعری میں غزلیہ مزاج کے عشقیہ اور متصوفانہ مضامین کو بڑے سہج اور آسان انداز میں پیش کیا ہے۔

ولی نے شمالی ہند کی زبان میں دکنی اور فارسی کی آمیزش سے ایک نئے طرزِ اظہار کی بنا ڈالی۔ اس وقت دکن اور شمالی ہند ایک ہو چکے تھے اور اس نئے اسلوب کے لیے زمین پوری طرح تیار تھی۔ چنانچہ ولی کے دہلی سے لوٹنے کے انیس برس بعد جب ان کا دیوان یہاں پہنچا تو اسے ہاتھوں ہاتھ لیا گیا۔ اہلِ علم کو اس بات کا احساس ہوا کہ ریختہ میں بھی بلند پایہ شاعری کی جاسکتی ہے۔ دیکھتے ہی دیکھتے ہر طرف اس زبان میں شاعری کا چرچا ہو گیا۔

ولی نے متعدد شعری اصناف میں طبع آزمائی کی لیکن غزل کو خاص طور پر اپنی توجہ کا مرکز بنایا اور اس کے دامن کو وسیع کیا۔ انھیں پیکر تراشی میں بڑی مہارت حاصل ہے۔ خوبصورت تشبیہیں اور استعارے استعمال کرنے کا انھیں خوب سلیقہ ہے۔ اکثر صنائع بدائع سے بھی انھوں نے کام لیا ہے۔

ولی کی پیدائش اور وفات کا صحیح تعین نہیں ہو سکا۔ البتہ تاریخ ادب اردو میں نورالحسن نقوی نے ولی کی ولادت ۱۶۵۰ء اور وفات ۱۷۲۰ء تا ۱۷۲۵ء کے درمیان بتائی ہے۔ ویسے ولی کے تعلق سے ان کی وطنیت کا قضیہ بھی آج تک حل نہ ہو سکا۔ بعض نے انھیں اورنگ آبادی بتایا ہے، بعض ولی کے گجراتی ہونے پر اصرار کرتے ہیں۔ بہر حال اردو دنیا میں وہ ولی دکنی کے نام سے معروف ہیں۔

غزل

صحنِ گلشن میں جب خرام کیا
سروِ آزاد کوں غلام کیا

حق ترا جگ میں کیوں نہ ہو حافظ
کہ تجھے حافظِ کلام کیا

کاملیت کا تُج کوں تھا دعویٰ
حق نے دعویٰ ترا تمام کیا

وو بھواں ہم سوں کیوں نہ ہوں بانکی
ماہِ نو نے جسے سلام کیا

غمزۂ شوخ نے بہ نیم نگاہ
کام عشاق کا تمام کیا

حق نے تجھ قد کوں دیکھ مثل الف
خوش قداں کا تجے امام کیا

کاف کوفی ہے تُج کمر کا پیچ
جگ مین اس کوں سرِکلام کیا

تُج دہن نے کہ میم معنی ہے
دلِ سیماب میں مقام کیا

تا کہے خلق تُج کوں ماہِ تمام
زلف تیری کوں حق نے لام کیا

گل رخاں خوف سوں ہوئے یکسو
تجھ نگہ نے جب اہتمام کیا

نام تیرا ولیؔ نے اے اکملؔ
شوق سوں وردِ صبح و شام کیا

غزل

پڑا ہوں کوہِ غم میں اس دلِ ناشاد سوں جا کر
دعا بولو مری جانب سوں کُئی فرہاد سوں جا کر

برہ کے ہاتھ سوں گردابِ غم میں جا پڑا ہے دل
کہو میری حقیقت چرخِ بے بنیاد سوں جا کر

گرفتاراں کی غم خواری اِتا لازم ہوئی تجُ پر
حقیقت مرغِ دل کی یوں کہو صیّاد سوں جا کر

کیا ہے خون نے سودا کے غلبہ تن منیں میرے
نگہ کے نیشتر کوں لا کہو فصّاد سوں جا کر

وؔلی اُس قد کا طالب ہے مبارک باد آبولو
کہو سمجھا کے گلشن میں ہر اک شمشاد سوں جا کر

میر تقی میرؔ

میر تقی نام اور میرؔ تخلص تھا۔ ۱۷۲۲ء میں اکبر آباد میں پیدا ہوئے۔ اپنے والد کے علاوہ انھوں نے سید امان اللہ سراج الدین علی خاں آرزو، میر جعفر حسین اور سعادت علی سے بہت کچھ سیکھا۔ میرؔ دس سال کے تھے کہ ان کے والد کا انتقال ہو گیا اور بے چارے بے سہارا رہ گئے۔ اس طرح ان کو چھوٹی سی عمر میں مالی مصیبتوں اور ذہنی پریشانیوں سے دو چار ہونا پڑا۔ میرؔ آگرہ میں تلاشِ روزگار میں پریشان رہے۔ پھر وہاں سے دلّی چلے آئے۔ یہاں نواب صمصام الدولہ امیر الاُمرا نے ازراہِ مہربانی و قدردانی ایک روپیہ روزانہ وظیفہ مقرر کر دیا۔ مگر نواب، نادر شاہ کی جنگ میں جب کام آئے تو پھر میرؔ کی پریشانیاں بڑھ گئیں۔ دلّی سے باہر گئے اور واپس لوٹے تو سوتیلے ماموں سراج الدین علی خاں آرزو کے یہاں ٹھہرے، مگر کچھ دنوں بعد ایسے اختلافات بڑھے کہ میرؔ نے آرزو سے اپنے تعلقات منقطع کر لیے۔

میرؔ کا زمانہ وہ تھا جب سارے ہندستان اور خصوصاً دلّی کی حالت غیر تھی۔ پہلے نادر شاہ کا حملہ ہوا، پھر احمد شاہ درانی نے دلّی کو تباہ کیا پھر جاٹوں، مرہٹوں اور روہیلوں نے مغلیہ سلطنت کی رہی سہی

آبرو کو مٹی میں ملا دیا۔ نتیجے میں میر کو ان کی شاعری کے قدردانوں کی تلاش میں دلی سے ہجرت کرنی پڑی اور وہ لکھنؤ جا بسے۔

میرؔ کی خوش نصیبی تھی کہ ان کی زندگی میں ان کا کلام اس درجہ مقبول ہوا کہ اُسے دور دور لوگ تحفے میں لے جاتے۔ دلوں میں جگہ دیتے اور آنکھوں سے لگاتے تھے۔ مرنے کے بعد بھی میرؔ کو غزل کا استاد، زبانِ اردو کا معلّم اور خدائے سخن تسلیم کیا گیا۔ میرؔ کے کلام میں اگر ایک طرف لطفِ زباں اور حسنِ بیان ہے تو دوسری طرف نازک خیالات و جذبات اور تخیّل کی فراوانی ہے اور یہی ادب کی روح ہیں کیوں کہ تخیّل کی شان ہی شاعری کی جان ہے۔

میر کی شاعری کا کمال یہ ہے کہ انھوں نے بول چال کی زبان کو ایسے سلیقے سے استعمال کیا ہے کہ وہ شاعری کی زبان بن گئی ہے۔ ان کی شاعری میں خود کلامی کا انداز بھی پایا جاتا ہے۔ اور وہ تشبیہوں اور استعاروں کا بہت برجستہ استعمال کرتے ہیں۔ میر کے کلام کی یہی وہ خصوصیات ہیں جن کی وجہ سے انھیں خدائے سخن کہا گیا۔

غزل

چلتے ہو تو چمن کو چلیے کہتے ہیں کہ بہاراں ہے
پات ہرے ہیں، پھول کھلے ہیں، کم کم بادو باراں ہے

رنگ ہوا سے یوں ٹپکے ہے جیسے شراب چواتے ہیں
آگے ہو مے خانے کے نکلو عہدِ بادہ گساراں ہے

عشق کے میداں داروں میں بھی مرنے کا ہے وصف بہت
یعنی مصیبت ایسی اُٹھانا کارِ کار گزاراں ہے

دل ہے داغ، جگر ہے ٹکڑے، آنسو سارے خون ہوئے
لو ہو پانی ایک کرے یہ عشقِ لالہ عذاراں ہے

کوہ کن و مجنوں کی خاطر دشت و کوہ میں ہم نہ گئے
عشق میں ہم کو میرؔ نہایت پاسِ عزت داراں ہے

غزل

گئے تھے سیرِ چمن کو اُٹھ کر گلوں میں ٹک جی لگا نہ اپنا
تلاش جوشِ بہار میں کی، نگار گلشن میں تھا نہ اپنا

مِلا تو تھا وہ بہ خواہشِ دل، مزا بھی پاتے ملے سے لیکن
پھریں جو مستی میں اس کی آنکھیں سو ہوش ہم کو رہا نہ اپنا

جہاں کا دریائے بے کراں تو سرابِ پایانِ کار نکلا
جو لوگ تہہ سے کچھ آشنا تھے انھوں نے لب تر کیا نہ اپنا

کہے بھی کوئی تو اس سے جس میں سخن کسی کا اثر کرے کچھ
بکا کیے ہم ہمیشہ، مانا کسو دن ان نے کہا نہ اپنا

نہ ہوش ہم کو نہ صبر دل کو نہ شور سر میں نہ زور پا میں
جو روویں کس کس کو روویں اب ہم، وفا میں کیا کیا گیا نہ اپنا

جہاں میں رہنے کو جی بہت تھا، نہ کر سکے میرؔ کچھ توقّف
بنا تھی ناپایدار اس کی اسی سے رہنا بنا نہ اپنا

خواجہ حیدر علی آتشؔ

پورا نام خواجہ حیدر علی اور آتش تخلص تھا۔ اُن کے والد کا نام خواجہ علی بخش تھا۔ آتش کے آباو اجداد بغداد سے ترکِ وطن کر کے دلّی آئے اور یہیں آباد ہو گئے۔ نواب شجاع الدولہ کے زمانے میں خواجہ علی بخش دلّی سے فیض آباد آ گئے اور محلّہ مغل پورہ میں قیام کیا۔ یہیں ۱۱۹۲ھ مطابق ۱۷۷۸ء میں آتش پیدا ہوئے۔ سن بلوغ تک پہنچنے سے پہلے باپ کا سایہ سر سے اُٹھ گیا اس لیے تعلیم و تربیت مکمل نہ ہو سکی۔ سپاہی زادوں کی صحبت میں شمشیر زنی کا شوق پیدا ہوا۔ اس زمانے میں لکھنؤ میں فنِ سپاہ گری کا دور دورہ تھا۔ انھوں نے بھی اس فن میں اچھی مہارت حاصل کر لی تھی۔

اسی زمانے میں فیض آباد کے مشہور رئیس نواب مرزا محمد تقی ترقیؔ نے آتشؔ کے جوہر دیکھ کر انھیں اپنے یہاں ملازم رکھ لیا۔ نواب صاحب ہنر پرور اور علم دوست ہونے کے ساتھ خود بھی شاعر تھے اور اہلِ کمال کے قدر دان تھے۔ غازی الدین حیدر کے زمانے میں جب وہ فیض آباد سے لکھنؤ منتقل ہوئے تو آتش بھی اُن کے ساتھ لکھنؤ آ گئے۔

لکھنؤ میں آتش ؔ کی طبیعت بھی شعر وشاعری کی طرف مائل ہوئی اور اس دور کے اساتذہ میں انھیں مصحفی ؔ کا رنگ پسند آیا اور انھیں کے شاگرد ہو گئے۔ دھیرے دھیرے اہلِ کمال اور بزرگوں کی صحبت اور مصحفی ؔ کی اصلاحوں نے اس طرح نکھارا کہ آگے چل کر استاد مانے گئے اور لکھنؤ کے اس عہد کے ایک اہم شاعر بن گئے۔

آتش ؔ کی طبیعت میں بے نیازی اور استغنا کو بڑا دخل تھا۔ اسی لیے نواب محمد تقی ترقی ؔ کی موت کے بعد انھوں نے کسی کی ملازمت نہیں کی بلکہ آزاد رہنا پسند کیا۔ بادشاہِ وقت کی طرف سے اسیّ روپے ماہانہ ملتا تھا اسی میں گزر بسر کرتے رہے۔ آخرِ عمر میں آتش بینائی سے محروم ہو گئے تھے اس لیے گوشہ نشینی اختیار کر لی تھی۔ کمزوری اور مرض کی شدت بڑھ گئی تھی۔ اسی حالت میں محرم ۱۲۶۳ھ مطابق ۱۸۵۰ء میں آتش ؔ کا انتقال ہوا اور میر دوست علی خلیل نے تجہیز و تکفین کے بعد گھر ہی میں دفن کیا۔

یوں تو آتش ؔ کے شاگردوں کی ایک لمبی فہرست ہے لیکن ان میں پنڈت دیا شنکر نسیم کو اُن کی مثنوی ''گلزارِ نسیم'' کی وجہ سے سب سے زیادہ شہرت ملی۔ آتش ؔ کی شاعری ان کے زمانے کے مروجہ مزاج کی بھرپور نمائندگی کرتی ہے۔ جس میں تصوفانہ اور عشقیہ دونوں موضوعات ملتے ہیں۔

غزل

تار تارِ پیرہن میں بھر گئی ہے بوے دوست
مثلِ تصویرِ نہالی میں ہوں یا پہلوئے دوست

ہجر کی شب ہو چکی روزِ قیامت سے دراز
دوش سے نیچے نہیں اُترے ابھی گیسوئے دوست

داغِ دل پر خیر گزری تو غنیمت جانیے
دشمنِ جاں ہیں جو آنکھیں دیکھتی ہیں سوئے دوست

فرشِ گل بستر تھا اپنا، خاک پر سوتے ہیں اب
خشت زیرِ سر نہیں یا تکیہ تھا زانوئے دوست

یاد کر کے اپنی بربادی کو رو دیتے ہیں ہم
جب اُڑاتی ہے ہوائے تند، خاکِ کوئے دوست

اُس بلائے جاں سے آتشؔ دیکھیے کیونکر نبھے
دل سوا شیشے سے نازک دل سے نازک خوئے دوست

غزل

یہ آرزو تھی، تجھے گل کے روبرو کرتے
ہم اور بلبلِ بیتاب، گفتگو کرتے

پیامبر نہ میسر ہوا، تو خوب ہوا!
زبانِ غیر سے کیا شرحِ آرزو کرتے

مری طرح سے مہ و مہر بھی ہیں آوارہ
کسی حبیب کی یہ بھی ہیں جستجو کرتے

جو دیکھتے تری زنجیرِ زلف کا عالم
اسیر ہونے کی آزاد آرزو کرتے

نہ پوچھ عالم برگشتہ طالعی آتش
برستی آگ، جو باراں کی آرزو کرتے

مرزا اسد اللہ خاں غالبؔ

مرزا غالبؔ ماہ رجب ۱۲۱۲ھ کو آگرے میں پیدا ہوئے۔ اس زمانے میں آگرہ، اکبر آباد کے نام سے مشہور تھا۔ اُن کا پورا نام مرزا اسد اللہ خاں تھا، پہلے اسد اور پھر غالب تخلص اختیار کیا۔ غالب کے دادا شاہ عالم کے زمانے میں ہندستان آئے۔ مرزا نجف خاں نے انھیں حیثیت کے موافق دربار میں منصب دلوایا۔ اُن کے کئی بیٹے تھے جن میں سے صرف دو کے نام معلوم ہیں ایک مرزا عبداللہ بیگ خاں عرف مرزا دولھا اور دوسرے نصر اللہ بیگ خاں۔ مرزا غالبؔ ،عبداللہ بیگ خاں کے بیٹے تھے۔

مرزا غالبؔ نے ابتدائی تعلیم آگرے کے نامی عالم شیخ معظم سے حاصل کی۔ غالبؔ ذہین تھے اور اس زمانے میں جو وسائل انھیں بہم پہنچے اس سے انھوں نے پورا پورا فائدہ اُٹھایا۔ تیرہ برس کی عمر میں اُن کی شادی ہوگئی اس کے بعد اُن کا دلّی آنا جانا بڑھ گیا اور بالآخر وہیں سکونت اختیار کرلی ۔ ذوقؔ کے بعد مرزا غالبؔ، بہادر شاہ ظفرؔ کے استاد بنے تو دربار سے انھیں وظیفہ مقرر ہوا۔ بادشاہ اُن کی ذہانت اور حاضر جوابی سے بہت متاثر تھے۔ اس زمانے کے اُن کے بہت سے لطیفے مشہور

ہیں۔غالب کے والد اور چچا انگریزی فوج میں ملازم تھے۔ان کے انتقال کے بعد اُن کی پنشن انگریزی حکومت نے غالبؔ اور ان کے عزیزوں کے نام منتقل کی تھی مگر ۱۸۵۷ء کے ہنگامے کے بعد وہ وظیفہ جب بند ہو گیا تو اس کا مقدمہ ایک عرصے تک چلا جس کے لیے اُنھیں کلکتہ کا سفر بھی کرنا پڑا۔بہر حال وہ مقدمہ جیت گئے اور وظیفہ دوبارہ جاری ہوا۔

غالب کے کلام کا ایک اہم وصف تہہ داری ہے۔یعنی پہلی نظر میں شعر کا ایک مفہوم سمجھ میں آتا ہے لیکن غور کیجیے تو اس کی تہہ سے دوسرے معنی نکلتے ہیں۔اس تہہ داری نے ابتدا میں غالب کے کلام کو مشکل بنایا۔ابتدا میں غالب کے کلام میں فارسی الفاظ کی کثرت رہی۔ان کا تخیل بہت بلند ہے۔خیال کی پرواز کبھی اتنی اونچی ہو جاتی ہے کہ شعر پہیلی بن جاتا ہے۔اس لیے بعض شعر تو لوگوں کی سمجھ میں اس وقت آئے جب غالبؔ نے خود ان کا مطلب بیان کیا۔غالب کسی کے نقشِ قدم پر چلنا گوارا نہیں کرتے۔انھوں نے اپنا راستہ آپ نکالا۔ایک فارسی شعر میں انھوں نے کہا ہے کہ دوسروں کے پیچھے چلنے سے آدمی اپنی منزل کھو دیتا ہے۔اس لیے جس راستے سے کارواں گزرا ہے میں اس راستے پر چلنا پسند نہیں کرتا۔شوخی اور ظرافت بھی غالب کے کلام کی ایک خصوصیت ہے۔وہ بذلہ سنج انسان تھے۔ان کی زندگی کے واقعات کا مطالعہ کیجیے، ان کے خطوط پڑھیے یا ان کے دیوان کی ورق گردانی کیجیے۔ان کی پرلطف باتیں دامن دل کو کھینچتی ہیں۔

غالبؔ کے کلام کی ایک خصوصیت اس کا تفکّر ہے۔جگہ جگہ احساس ہوتا ہے کہ وہ کچھ سوچ رہے ہیں۔یہی وجہ ہے کہ ان کے کلام میں جا بجا سوال ملتے ہیں وہ فلسفی نہیں مگر ان کا انداز فلسفیانہ ہے۔مفکر نہیں مگر نظر حکیمانہ ہے۔اسی لیے پروفیسر آلِ احمد سرور نے فرمایا ہے کہ غالبؔ نے اردو شاعری کو ذہن دیا۔

غالبؔ اردو کے بہت بڑے شاعر اور بلا شبہ اپنے عہد کی آواز ہیں۔ان کے کلام کی مقبولیت کسی دور میں کم نہیں ہوئی۔

فروری ۱۸۶۹ء کو تہتّر برس کی عمر میں ان کا انتقال ہو گیا۔

غزل

کہتے ہو: ''نہ دیں گے ہم، دل اگر پڑا پایا''
دل کہاں کہ گم کیجے، ہم نے مدّعا پایا

عشق سے طبیعت نے زیست کا مزا پایا
درد کی دوا پائی، دردِ بے دوا پایا

دوست دارِ دشمن ہے، اعتمادِ دل معلوم!
آہ بے اثر دیکھی، نالہ نارسا پایا

سادگی و پُرکاری، بے خودی و ہشیاری
حسن کو تغافل میں جرأت آزما پایا

غنچہ پھر لگا کھلنے، آج ہم نے اپنا دل
خوں کیا ہوا دیکھا، گم کیا ہوا پایا

حالِ دل نہیں معلوم لیکن اس قدر یعنی
ہم نے بارہا ڈھونڈھا تم نے بارہا پایا

شورِ پندِ ناصح نے زخم پر نمک چھڑکا
آپ سے کوئی پوچھے: تم نے کیا مزا پایا

غزل

یہ نہ تھی ہماری قسمت کہ وصالِ یار ہوتا
اگر اور جیتے رہتے، یہی انتظار ہوتا

ترے وعدے پہ جیے ہم،تو یہ جان، جھوٹ جانا
کہ خوشی سے مر نہ جاتے، اگر اعتبار ہوتا

تری نازُکی سے جانا کہ بندھا تھا عہد بُودا
کبھی تو نہ توڑ سکتا، اگر استوار ہوتا

کوئی میرے دل سے پوچھے ترے تیرِ نیم کش کو
یہ خلش کہاں سے ہوتی، جو جگر کے پار ہوتا

یہ کہاں کی دوستی ہے کہ بنے ہیں دوست، ناصح
کوئی چارہ ساز ہوتا، کوئی غم گُسار ہوتا

یہ مسائل تصوف، یہ ترا بیان غالب
تجھے ہم ولی سمجھتے جو نہ بادہ خوار ہوتا

محسن کاکوروی

نام محمد محسن، والد کا نام مولوی محمد حسن بخش اور دادا کا نام حسین بخش شہیدؔ تھا۔ محسنؔ کاکوروی ۱۸۲۷ء میں بمقام کاکوری (ضلع لکھنؤ) پیدا ہوئے۔ ابھی سات برس کے ہوئے تھے کہ والد کا انتقال ہوگیا اور آپ کے دادا مولوی حسین بخش شہیدؔ نے آپ کی پرورش کی جو ایک قابل و فاضل شخص تھے اور قصبہ کے معزز و ممتاز فرد تھے۔

محسنؔ نے نو سال کی عمر سے شاعری شروع کی جیسا کہ ان کے صاحبزادے مولوی نورالحسن نیرؔ نے ''کلیاتِ محسن'' کے مقدمے میں لکھا ہے۔ محسن نے منشی ہادی علی اشک سے تلمذّ حاصل کیا، مولوی عبدالرحیمؒ سے درسیاتِ عربی فارسی کی تحصیل کی، لکھنؤ اس زمانے میں بڑے بڑے علما و فضلا کا مرکز تھا۔ دارالعلم فرنگی محل کا فیضان جاری تھا۔ محسنؔ نے ممتاز علما سے مختلف علوم کی تعلیم حاصل کی۔

دنیوی ترقی کے لیے انھوں نے ہائی کورٹ کی وکالت کا امتحان پاس کیا جو اُس زمانہ میں

انگریزی حکومت نے رائج کیا تھا اور کافی مشکل ہوتا تھا۔ وکالت کا امتحان پاس کرنے کے بعد آگرے میں وکالت شروع کی۔ اس میں ان کو شہرت ونیک نامی حاصل ہوئی۔

۱۸۵۷ء کے ہنگامے کے دوران ہی آگرے سے ترکِ سکونت کر کے کاکوری چلے گئے۔ اور پھر تمام عمر وہیں رہے۔ نہایت خوش اخلاق، نیک دل انسان تھے، غریبوں کے ہمدرد اور اہلِ علم کے قدردان تھے۔

شاعری میں صرف نعت گوئی کو اپنا میدان بنایا تھا جس میں ان کا کوئی مدِّ مقابل نہ ہو سکا۔ لیکن قصائد بھی لکھے اور خوب لکھے۔ اُن کا مشہور نعتیہ قصیدہ جس کا انتخاب اس کتاب میں شامل ہے، اردو کے نمائندہ قصائد میں شمار ہوتا ہے۔ اس میں ہندستان کے موسم بہار ساون کا ذکر تمہید کے طور پر آیا ہے۔ دوسرے حصے میں نعتِ نبوی ہے۔ بدیہہ گوئی میں ممتاز تھے۔ ۱۸ ماہ صفر ۱۳۲۳ھ مطابق ۲۴/اپریل ۱۹۰۵ء بمقام کاکوری انتقال کیا۔

انتخابِ قصیدۂ بہاریہ نعتیہ

سمت کاشی سے چلا جانبِ متھرا بادل
برق کے کاندھے پہ لاتی ہے صبا گنگا جل

گھر میں اشنان کریں سرو قدانِ گوکل
جا کے جمنا پہ نہانا بھی ہے اک طولِ امل

خبر اُڑتی ہوئی آئی ہے مہابن میں ابھی
کہ چلے آتے ہیں تیرتھ کو ہوا پر بادل

کالے کوسوں نظر آتی ہیں گھٹائیں کالی
ہند کیا ساری خدائی میں بُتوں کا ہے عمل

جانبِ قبلہ ہوئی ہے یورشِ ابرِ سیاہ
کہیں پھر کعبہ میں قبضہ نہ کریں لات و ہبل

نہ کھلا آٹھ پہر میں کبھی دو چار گھڑی
پندرہ روز ہوئے پانی کو منگل منگل

دیکھیے ہوگا سری کرشن کا کیوں کر درشن
سینۂ تنگ میں دل گوپیوں کا ہے بیکل

کبھی ڈوبی کبھی اچھلی مہِ نو کی کشتی
بحرِ اخضر میں تلاطم سے پڑی ہے ہلچل

شاہدِ کفر ہے مُکھڑے سے اٹھائے گھونگھٹ
چشمِ کافر میں لگائے ہوئے کافر کاجل

جوگیا بھیس کیے چرخ لگائے ہے بھبھوت
یا کہ بیراگی ہے پربت پہ بچھائے کمل

جگنو پھرتے ہیں جو گلبن میں تو آتی ہے نظر
مصحفِ گل کے حواشی پر طلائی جدول

جس طرف دیکھیے بیلے کی کھلی ہیں کلیاں
لوگ کہتے کہ کرتے ہیں فرنگی کونسل

دیکھتا گر کہیں محسنؔ کی فغان و زاری
نہ گرجتا کبھی ایسا نہ برستا بادل

پھر چلا خامہ قصیدے کی طرف بعد غزل
کہ ہے چکّر میں سخن گو کا دماغِ مختل

دل میں کچھ اور ہے پر منہ سے نکلتا ہے کچھ اور
لفظ بے معنی ہیں اور معنی ہیں سب بے اٹکل

اک ذرا دیکھیے کیفیتِ معراجِ سخن
ہاتھ میں جامِ زحل شیشۂ مے زیرِ بغل

گرتے پڑتے ہوئے مستانہ کہاں رکھا پاؤں
کہ تصور بھی وہاں جا نہ سکے سر کے بل

یعنی اس نور کے میدان میں پہنچا کہ جہاں خرمنِ برقِ تجلّی کا لقب ہے بادل

تارِ بارانِ مسلسل ہے ملائک کا ورود پئے تسبیح خداوندِ جہاں عزّ و جل

کہیں طوبیٰ کہیں کوثر کہیں فردوسِ بریں کہیں بہتی ہوئی نہرِ لبن و نہرِ عسل

کہیں جبریل حکومت پہ کہیں اسرافیل کہیں رضواں کا کہیں ساقیِ کوثر کا عمل

گلِ خوش رنگ رسولِ مدنی و عربی زیبِ دامانِ ابد طرّۂ دستارِ ازل

نہ کوئی اس کا مشابہ ہے نہ ہمسر نہ نظیر نہ کوئی اس کا مماثل نہ مقابل نہ بدل

مہرِ توحید کی ضو اوجِ شرف کا مہِ نو شمعِ ایجاد کی لو بزمِ رسالت کا کنول

ہفت اقلیمِ ولایت میں شہِ عالی جاہ چار اطرافِ ہدایت میں نبیِ مرسل

ہے تمنّا کہ رہے نعت سے تیری خالی نہ مرا شعر نہ قطعہ نہ قصیدہ نہ غزل

دین و دنیا میں کسی کا نہ سہارا ہو مجھے صرف تیرا ہو بھروسا تری قوت ترا بل

صفِ محشر میں ترے ساتھ ہو تیرا مدّاح ہاتھ میں ہو یہی مستانہ قصیدہ یہ غزل

کہیں جبریل اشارے سے کہ ہاں بسم اللہ
سمت کاشی سے چلا جانبِ متھرا بادل

پنڈت دیاشنکر نسیمؔ

پنڈت دیا شنکر نسیم کے والد کا نام پنڈت گنگا پرشاد کول تھا وہ کشمیری برہمن تھے۔ نسیم ۱۸۱۱ء میں لکھنؤ میں پیدا ہوئے اور عین عالم شباب یعنی ۱۸۴۳ء میں وفات پائی۔ نسیم کو غزل گوئی سے بھی مناسبت تھی۔ انھوں نے ایک مختصر دیوان غزلیات بطور یادگار چھوڑا ہے۔ لیکن نسیم کو شہرت اور بقائے دوام عطا کرنے والی ان کی مثنوی ''گلزار نسیم'' ہے جو اردو کی ان چند مثنویوں میں سے ایک ہے جن کو قبول عام کی سند حاصل ہے۔ مثنوی کا قصّہ طبع زاد نہیں ہے بلکہ نسیم نے ایک پرانی داستان کو اردو کا جامہ پہنا کر اپنے کمال فن سے اسے زندہ جاوید بنا دیا ہے۔ واقعہ نگاری، مصوری اور جذیات نگاری سے قطع اس مثنوی کا خاص جوہر ایجاز و اختصار ہے۔ رعایت لفظی اور ضائع بدائع کے استعمال کے باوجود انداز بیان کے سلیقے اور بندش کی چستی نے اسے معراجِ کمال پر پہنچا دیا ہے اور مثنوی کے بہت سے شعروں کو ضرب المثل بنا دیا ہے۔

مثنوی میں گل بکاوَلی کا قصہ نظم ہوا ہے اور یہ قصہ گل بکاوَلی کے نام سے بھی مشہور

ہے۔مثنوی ''گلزارنسیم'' کے تعلق سے یہ بات بھی اہم ہے کہ اس مثنوی کو لکھنو کے دبستان شاعری کی پہلی طویل نظم کا شرف حاصل ہے۔مقبولیت کے لحاظ سے اردو میں میرحسن کی مثنوی ''سحرالبیان'' اورنسیم کی مثنوی ''گلزارِنسیم'' کواولیت کادرجہ حاصل ہے۔

مثنوی گلزارِنسیم میں آورد پایا جاتا ہے لیکن زبان کی برجستگی نے اسے آمد سے قریب کردیا ہے۔نسیم نے رعایت لفظی اور دیگر صنعتوں کو بہت خوبی سے استعمال کیا ہے۔رشید احمد صدیقی نے گلزارِنسیم کے تعلق سے صحیح لکھا ہے کہ زبان کو شاعری اور شاعری کو زبان بنادینا کوئی آسان کام نہیں ہے۔پروفیسر احتشام حسین نے اس مثنوی کو شاعرانہ اور فنکارانہ تخلیق کا معجزہ کہا ہے۔

حکایت نصیحت گریِ مرغِ اسیر صیّاد کی

اک مُرغ ہوا اسیرِ صیّاد
دانا تھا وہ طائرِ چمن زاد

بولا، جب اُس نے باندھے بازو
کھلتا نہیں کس طَمع پہ ہے تو؟

بیچا تو ٹکے کا جانور ہوں
گر ذَبح کیا، تو مُشتِ پَر ہوں

پالا، تو مُفارقَت ہے انجام
دانا ہو، تو مجھ سے لے مرے دام

بازو میں نہ تو مرے گرہ باندھ
سمجھاؤں جو پَند، اسے گرہ باندھ

سُن، کوئی ہزار کچھ سنائے
کیجے وہی جو سمجھ میں آئے

قابو ہو، تو کیجیے نہ غفلت
عاجز ہو، تو ہاریے نہ ہمت

آتا ہو، تو ہاتھ سے نہ دیجے
جاتا ہو، تو اس کا غم نہ کیجے

طائر کے یہ سُن کلام، صیّاد
بِن داموں ہوا غلام صیّاد

بازو کے جو بَند کھول ڈالے
طائر نے تڑپ کے پر نکالے

اک شاخ پہ جا، چہک کے بولا:
کیوں، پَر مرا کیا سمجھ کے کھولا؟

ہمت نے مری، تجھے اُڑایا
غفلت نے تری، مجھے چھڑایا

دولت نہ نصیب میں تھی تیرے
تھا لعل نِہاں شکم میں میرے

دے کر صیّاد نے دِلاسا
چاہا، پھر کچھ لگائے لاسا

بولا وہ کہ دیکھ، کر گیا جعل
طائر بھی کہیں نگلتے ہیں لعل!

اربابِ غرض کی بات سُن کر
کر لیجیے یک بہ یک نہ باور

نظیرؔ اکبر آبادی

ولی محمد نام، نظیر تخلص، دہلی میں ۱۷۴۰ء میں پیدا ہوئے تھے، بچپن ہی میں والد کے سایۂ عاطفت سے محروم ہو گئے۔ نظیر کا دور سیاسی انقلابات کا دور تھا۔ مغل حکومت کے بکھرنے کے بعد سماج کا شیرازہ بھی بکھر گیا تھا۔ احمد شاہ ابدالی کے حملے کی وجہ سے دہلی کے حالات مزید ابتر ہو گئے۔ نظیر نے بڑی بے سروسامانی کے حالات میں دہلی کو خیر باد کہا اور آگرہ آ گئے۔ جہاں لالہ بلاس رائے کے لڑکوں کو فارسی پڑھانے لگے۔ نظیر ایک وسیع المشرب اور آزادانہ طبیعت رکھتے تھے اور ایک ایسے دور میں جبکہ شعرا درباروں سے وابستہ ہونے کے لیے ہر وقت کوشاں رہا کرتے تھے، نظیر نے اپنے خوددار مزاج کو اس آلودگی سے پاک رکھا۔ لکھنؤ سے نواب سعادت علی خان نے پیغام بھجوایا۔ بھرت پور کے دربار سے بھی دعوت نامہ ملا لیکن یہ کہیں نہیں گئے اور تمام عمر معلّمی کرتے گزار دی۔

نظیر ہندستانی تہذیب کے دِلدادہ تھے اور انھوں نے ایک بھرپور زندگی جی تھی۔ کھیل کود، کنکوے بازی، تیراکی، ورزش، کُشتی، کبوتر بازی غرض ہر طرح کے تفریحی مشغلوں سے جی

بہلاتے رہتے تھے۔ ہندستانی تہواروں میں بڑھ چڑھ کر حصہ لیا کرتے۔ یہ تمام باتیں دراصل اُن کی عوامی زندگی سے محبت کی غمازی کرتی ہیں۔

نظیر درحقیقت امیر خسرو اور کبیر کی قائم کردہ اُس روایت کی توسیع تھے جس کے ڈانڈے تصوّف اور بھکتی تحریک سے ملے ہوئے تھے۔ لیکن جس میں زندگی کو بھرپور طریقے سے جینے کی اُمنگ بھی پائی جاتی ہے۔ اُن کی شاعری میں ایرانی اثرات بہت کم ملتے ہیں۔ انھوں نے اپنا شعری مزاج ہندستانی مٹّی سے تشکیل دیا تھا۔ غزل کے مقابلے نظم پر زیادہ توجہ دی اور زیادہ تر موضوعات ہندستانی معاشرے سے ہی منتخب کیے۔ نظیر کی زبان سادہ اور عام فہم ہے اور اسی لیے اُن کے کلام کو عوامی مقبولیت حاصل ہوسکی۔ نظیر نے شعری صنّاعی پر نہیں بلکہ طرزِ بیان کی سادگی پر زور دیا تھا۔ نظیر اکبر آبادی ۱۶/ اگست ۱۸۳۰ء کو آگرہ میں وفات پائی۔

آدمی نامہ

دنیا میں بادشاہ ہے، سو ہے وہ بھی آدمی
اور مفلس وگدا ہے، سو ہے وہ بھی آدمی
زردار، بے نوا ہے، سو ہے وہ بھی آدمی
نعمت جو کھا رہا ہے، سو ہے وہ بھی آدمی
ٹکڑے جو مانگتا ہے، سو ہے وہ بھی آدمی

ابدال وقطب وغوث وولی، آدمی ہوئے
مُنکر بھی آدمی ہوئے اور کُفر کے بھرے
کیا کیا کرشمے کشف وکرامات کے کیے
حتیٰ کہ اپنے زہد وریاضت کے زور سے
خالق سے جا ملا ہے، سو ہے وہ بھی آدمی

فرعون نے کیا تھا جو دعوا خدائی کا
شدّاد بھی بہشت بنا کر ہوا خدا
نمرود بھی خدا ہی کہاتا تھا برملا
یہ بات ہے سمجھنے کی، آگے کہوں میں کیا
یاں تک جو ہو چکا ہے، سو ہے وہ بھی آدمی

یاں آدمی ہی نار ہے اور آدمی ہی نور
یاں آدمی ہی پاس ہے اور آدمی ہی دور
کُل آدمی کا حُسن وقبح میں ہے یاں ظہور
شیطاں بھی آدمی ہے، جو کرتا ہے مکروزُور
اور ہادی، رہ نما ہے، سو ہے وہ بھی آدمی

مسجد بھی آدمی نے بنائی ہے یاں میاں
بنتے ہیں آدمی ہی امام اور خُطبہ خواں
پڑھتے ہیں آدمی ہی قراں اور نمازیاں
اور آدمی ہی اُن کی چُراتے ہیں جوتیاں
جو اُن کو تاڑتا ہے، سو ہے وہ بھی آدمی

یاں آدمی پہ جان کو وارے ہے آدمی
اور آدمی ہی تیغ سے مارے ہے آدمی
پگڑی بھی آدمی کی اُتارے ہے آدمی
چلّا کے آدمی کو پُکارے ہے آدمی
اور سُن کے دوڑتا ہے، سو ہے وہ بھی آدمی

چلتا ہے آدمی ہی مسافر ہو، لے کے مال　　اور آدمی ہی مارے ہے، پھانسی گلے میں ڈال
یاں آدمی ہی صید ہے، اور آدمی ہی جال　　سچّا بھی آدمی ہی نکلتا ہے میرے لال
اور جھوٹ کا بھرا ہے، سو ہے وہ بھی آدمی

یاں آدمی نقیب ہو، بولے ہے بار بار　　اور آدمی ہی پیادے ہیں، اور آدمی سوار
حُقّہ، صراحی، جوتیاں دوڑیں بغل میں مار　　کاندھے پہ رکھ کے پالکی، ہیں آدمی کہار
اور اُس پہ جو چڑھا ہے، سو ہے وہ بھی آدمی

مرنے میں آدمی ہی کفن کرتے ہیں تیار　　نہلا دھلا اُٹھاتے ہیں کاندھے پہ کر سوار
کلمہ بھی پڑھتے جاتے ہیں، روتے ہیں زار زار　　سب آدمی ہی کرتے ہیں مُردے کا کاروبار
اور وہ جو مر گیا ہے، سو ہے وہ بھی آدمی

اشراف اور کمینے سے لے، شاہ تا وزیر　　ہیں آدمی ہی صاحبِ عزّت بھی اور حقیر
یاں آدمی مرید ہیں، اور آدمی ہی پیر　　اچھا بھی آدمی ہی کہاتا ہے اے نظیرؔ
اور سب میں جو بُرا ہے، سو ہے وہ بھی آدمی

حفیظؔ جالندھری

ابوالاثر حفیظ جالندھری غیر منقسم ہندوستان کے شہر جالندھر میں ۱۴ رجنوری ۱۹۰۰ء کو پیدا ہوئے۔ ۱۹۴۷ء میں تقسیم کے وقت ہجرت کر کے لاہور چلے گئے۔ ان کا تعلق راجپوت خاندان سے تھا اور ان کے والد شمس الدین حافظ قرآن تھے۔ حفیظ جالندھری نے ابتدائی تعلیم مسجد میں حاصل اور پھر ایک مقامی اسکول میں داخل ہوئے جہاں انھوں نے ساتویں جماعت تک تعلیم حاصل کی۔ حالانکہ اس کے بعد وہ اپنا تعلیمی سلسلہ جاری نہ رکھ سکے تاہم اپنی ذاتی دلچسپی اور لیاقت کے سبب تحصیل علم جاری رکھا بلکہ اسی ذاتی استعداد کی بدولت پاکستانی فوج میں شعبۂ اخلاقیات کے ڈائریکٹر اور پاکستانی صدر فیلڈ مارشل ایوب خان کے مشیر کے عہدۂ جلیلہ پر فائز ہوئے۔

حفیظ جالندھری کی مشہور زمانہ تصنیف ''شاہنامہ اسلام'' ایک طویل نظم ہے جس میں مسلمانوں کی عظمت رفتہ کو بیان کیا گیا ہے۔ ماضی سے دلچسپی کے علاوہ حفیظ جالندھری کے یہاں فطرت

پرستی کا رجحان بھی غالب ہے۔ان کی اس طرح کی نظموں کی سب سے بڑی خوبی یہ ہے کہ ان میں فطرت کو تشبیہ کی مدد سے مجسّم کیا گیا ہے۔فطرت ایک خاص انداز اور جسمانی پیکر کے ساتھ نمایاں ہوتی ہے۔''اٹھی حسینہ سحر'' میں یہ عمل کامیاب ہے۔حفیظ نے رواں اور سبک الفاظ کا استعمال بھی بڑی خوبی سے کیا ہے۔ترنم اور موسیقیت کی طرف بھی انھوں نے خصوصی توجہ دی ہے۔اور بحروں کے انتخاب اور الفاظ کی ترتیب سے آہنگ نغمہ پیدا کیا۔نظموں کی ظاہری شکل وصورت میں بھی انھوں نے انقلابی تبدیلیاں کی ہیں۔

حفیظ جالندھری کو پاکستان میں متعدد انعامات واعزازات سے نوازا گیا جن میں ''ہلال امتیاز'' سب سے اہم ہے۔ ۲۱/ دسمبر ۱۹۸۲ء کو اس باکمال شاعر کا پاکستان کے شہر لاہور میں انتقال ہوا۔

دُعائے خیر

غلامِ با وفا زید ابنِ حارث ڈھونڈھتا آیا
متاعِ نور کو طائف سے کندھوں پر اُٹھا لایا
حدِ نخلہ میں آ پہنچا بحالِ خستہ و غمگیں
وہاں چشمے پہ لاکر زخم دھوئے پٹیاں باندھیں
کہا سرکار ان وگوں کے حق میں بددعا کیجے
شکایت اس جفاوجور کی پیشِ خدا کیجے
زمیں کو حکم دیجے ان لعینوں کو ہڑپ کر لے
اسی کا بوجھ ہیں یہ لوگ ان کو پیٹ میں بھر لے
فلک کو حکم دیجے پھٹ پڑے ان کینہ کاروں پر
بجائے آب، برسے آگ طائف کی بہاروں پر
جناب رحمۃ لِلعالمیں نے سن کے فرمایا
کہ میں اس دہر میں قہر وغضب بن کے نہیں آیا
اگر یہ لوگ آج اسلام پر ایماں نہیں لاتے
خدائے پاک کے دامانِ وحدت میں نہیں آتے
مگر نسلیں ضرور ان کی اسے پہچان جائیں گی
درِ توحید پر اک روز آ کر سر جھکائیں گی
میں ان کے حق میں کیوں قہرِ الٰہی کی دعا مانگوں
بشر ہیں بے خبر ہیں کیوں تباہی کی دعا مانگوں

یہ فرما کر نبی نے ہاتھ اُٹھائے اک دعا مانگی
خدا کا فضل مانگا خوئے تسلیم و رضا مانگی
دعا مانگی الٰہی قوم کو چشم بصیرت دے
الٰہی رحم کر اُن پر انھیں نورِ ہدایت دے
جہالت ہی نے رکھا ہے صداقت کے خلاف ان کو
بچارے بے خبر انجان ہیں کر دے معاف ان کو
فراخی ہمتوں کو، روشنی دے ان کے سینوں کو
کنارے پر لگا دے ڈوبنے والے سفینوں کو
الٰہی فضل کر کہسارِ طائف کے مکینوں پر
الٰہی پھول برسا پتھروں والی زمینوں پر

سید محمد جعفریؔ

سید محمد جعفریؔ اردو کے اہم اور طنزیہ اور مزاحیہ شاعر ہیں۔ جعفریؔ پیروڈی میں اپنا ثانی نہیں رکھتے۔ وہ اس فن کے امام ہیں۔ بلاخوفِ تردید یہ کہا جاسکتا ہے کہ اس میدان میں نہ ان کا کوئی حریف ہے اور نہ ثانی۔

جعفریؔ کا کمال یہ ہے کہ وہ مزاح کے پردے میں بڑی خوبصورتی سے نہ کہنے والی باتیں کہہ جاتے ہیں۔ بنیادی طور پر جعفریؔ نظم کے شاعر ہیں۔ ان کی نظموں میں تضمین اور تحریف ملی جلی ہوتی ہے مگر اس آمیزش کے ساتھ ساتھ ان کے یہاں غضب کا سلیقہ اور بے ساختگی پائی جاتی ہے۔

شدید احساس، گہرے مشاہدے، بلیغ اشاریت، نُدرتِ خیال، حقیقی منظرکشی، بے پناہ ذہانت، برجستگی اور بے ساختگی جیسی گوناگوں خصوصیات کے سبب جعفریؔ کا آبدار کلام عوام وخواص میں یکساں محبوب ومقبول ہے۔

وہ فرد یا افراد کے بجائے اداروں اور اجتماعی زندگی کی خامیوں پر طنز کرتے اور اس کے

مضحک پہلوؤں پر مسکراتے ہیں۔ وہ زخموں کو کریدتے نہیں بلکہ ان پر پھائے رکھتے ہیں۔ موضوعات کی رنگارنگی کے اعتبار سے جعفریؔ اس دور کے نظیر اکبر آبادی ہیں اور ان کا کلام اس برصغیر کی نصف صدی کی تاریخ ہے۔کلاسیکی شعور اور ادبی روایات کے احترام کی وجہ سے ان کے کلام کی دل کشی میں اور زیادہ اضافہ ہو جاتا ہے۔

کلرک، یو۔این۔او۔ وزیروں کی نماز، بوفے ڈنر، پرانا کوٹ، جب لاد چلے گا بنجارہ، اور کاغذ کا مرثیہ وغیرہ جعفری کے ایسے شاہ کار ہیں جن کے بغیر اردو کی طنزیہ اور مزاحیہ شاعری کا کوئی انتخاب یا تذکرہ مکمل نہیں سمجھا جا سکتا۔

بوفے ڈنر

کھڑا ڈنر ہے غریب الدیار کھاتے ہیں
بنے ہوئے شترِ بے مہار کھاتے ہیں
اور اپنی میز پہ ہو کر سوار کھاتے ہیں
کچھ ایسی شان ہے جیسے اُدھار کھاتے ہیں
شکم غریب کی یوں فرسٹ ایڈ ہوتی ہے
ڈنر کے سائے میں فوجی پریڈ ہوتی ہے
کھڑے ہیں میز کنارے جو ایک پیٹ لیے
انھیں نے کوفتے اپنے لیے لپیٹ لیے
ادھر اُدھر کے جو کھانے تھے سب سمیٹ لیے
کھڑا تھا پیچھے سو میں رہ گیا پلیٹ لیے
یہ میز ہوگئی خالی اب اور کیا ہوگا
"پلاؤ کھائیں گے احباب فاتحہ ہوگا"
(اکبر الہٰ آبادی)

وہ ایک مرغ کی ٹانگ اور رقیب لے بھاگا
مرا نصیب بھی جاگا پہ دیر میں جاگا
کباب اٹھایا تو اس میں لپٹ گیا دھاگا
ڈنر یہ کیا ہے کہ پیچھا ہے جس کا نے آگا
یہ کیا خبر تھی جب آیا تھا میں ڈنر کھانے
"حقیقتوں کو سنبھالے ہوئے ہیں افسانے"
(شاعر لکھنوی)

حقیقتوں کا نہ کہنا زمانہ سازی ہے
یہ شخص دیکھنے میں جو بڑا نمازی ہے

یہی اڑائے گا مرغی جو موٹی تازی ہے
ڈنر یہ کیا ہے یہ گھڑ دوڑ کی سی بازی ہے

لگائی بھوک میں مہمیز جس نے پار ہوا
نہیں تو میری طرح سے ڈنر میں خوار ہوا

وہ ایک میز خواتین گردِ صف آرا
دہن دہن سے رواں گفتگو کا فوارہ

میں ایک گوشے میں سہما کھڑا ہوں بیچارہ
کہ یہ ہٹیں تو اٹھاؤں میں نان کا پارہ

اسیر حلقۂ خوباں جو مرغ وماہی ہیں
تو ہم شہیدِ ستم ہائے کم نگاہی ہیں

اسرارالحق مجازؔ

اسرارالحق مجاز نے قصبہ ردولی کے ایک خوش حال جاگیر دار گھرانے میں ۱۹/اکتوبر ۱۹۱۱ءکو آنکھیں کھولیں۔ان کا بچپن بڑے لاڈ پیار میں گزرا۔ابتدائی تعلیم ردولی کے ایک مکتب میں ہوئی۔اس کے بعد لکھنؤ آگئے۔ یہاں امین آباد ہائی اسکول سے میٹرک کیا۔ ۱۹۲۹ءمیں اُن کے والد کا تبادلہ آگرے میں ہوا تو مجازؔ نے سینٹ جانس کالج، آگرہ میں داخلہ لیا اور یہاں سے انٹر پاس کرنے کے بعد علی گڑھ چلے آئے۔ ۱۹۳۵ءمیں انھوں نے بی۔اے۔کیا۔اور ایم۔اے۔میں داخلہ لیا لیکن دو تین مہینے ہوئے تھے کہ آل انڈیا ریڈیو میں ملازمت مل گئی اور وہ تعلیم کا سلسلہ منقطع کرکے دہلی آگئے۔

اگرچہ آگرہ کے قیام کے دوران ہی انھوں نے فکرِ سخن شروع کی تھی لیکن علی گڑھ یونی ورسٹی کے مشاعروں نے انھیں مقبولیت عطا کی۔اُن کا مجموعہ کلام ’آہنگ‘ کسی ترقی پسند شاعر کا پہلا مجموعہ تھا جو ۱۹۳۸ءمیں لکھنؤ سے شائع ہوا۔بعد میں اضافہ کے ساتھ اس کے متعدد ایڈیشن نکلے۔

مجازؔ کے کلام میں رومان اور حقیقت کا بڑا خوبصورت امتزاج دیکھنے کو ملتا ہے۔ایک طرف وہ عشق و محبت کے نغمے گاتے ہیں اور دوسری طرف بغاوت و انقلاب کے نعرے لگاتے ہیں۔ کبھی ان کے قلم سے 'نمائش'،'کس سے محبت ہے'،'مادام' 'بربطِ شکستہ' اور 'اعتراف' جیسی رومان پسندانہ نظمیں نکلتی ہیں اور کبھی 'سرمایہ داری'،'آوارہ'،'آہنگِ نو'،'نوجوان سے'،'نوجوان خاتون سے'،'بول اری او دھرتی بول' اور 'نذرِ خالدہ' جیسی انقلابی نظمیں۔مجازؔ کی رومانی نظموں کا عاشق بھی ایک باغی اور سرکش نوجوان کے روپ میں سامنے آتا ہے۔مجبوریوں نے اس میں بے چارگی کی بجائے جھنجھلاہٹ پیدا کی ہے۔وہ سماجی ظلم اور نا انصافی کو اپنا مقدر مان کر رونے دھونے سے زیادہ سرکشی پر یقین رکھتا ہے۔اسی لیے اس کے تیور بڑے تیکھے ہیں۔'آوارہ' میں یہ ردِّ عمل بہت شدید ہے۔عاشق نہ اپنا عہدِ وفا توڑ سکتا ہے اور نہ دنیا کی رنگینی سے منہ موڑنا اسے پسند ہے۔ محبت میں ناکامی، اسے اس نظام کو تباہ کرنے پر اکساتی ہے جس نے یہ سب رکاوٹیں کھڑی کی ہیں۔'آوارہ' کا شمار مجازؔ کی کامیاب ترین نظموں میں ہوتا ہے۔

۵/دسمبر ۱۹۵۵ء کو اُن کا انتقال ہوا۔

آوارہ

اسرار الحق مجازؔ

شہر کی رات اور میں ناشاد و ناکارہ پھروں
جگمگاتی جاگتی سڑکوں پہ آوارہ پھروں
غیر کی بستی ہے کب تک در بدر مارا پھروں
اے غمِ دل کیا کروں، اے وحشتِ دل کیا کروں

جھلملاتے قمقموں کی راہ میں زنجیر سی
رات کے ہاتھوں میں دن کی موہنی تصویر سی
میرے سینے پر مگر چلتی ہوئی شمشیر سی
اے غمِ دل کیا کروں، اے وحشتِ دل کیا کروں

یہ روپہلی چھاؤں یہ آکاش پر تاروں کا جال
جیسے صوفی کا تصور، جیسے عاشق کا خیال
آہ لیکن کون جانے، کون سمجھے جی کا حال
اے غمِ دل کیا کروں، اے وحشتِ دل کیا کروں

پھر وہ ٹوٹا اک ستارہ پھر وہ چھوٹی پھلجھڑی
جانے کس کی گود میں آئی یہ موتی کی لڑی
ہوک سینے میں اٹھی اک چوٹ سی دل پر پڑی
اے غمِ دل کیا کروں، اے وحشتِ دل کیا کروں

رات ہنس ہنس کر یہ کہتی ہے کہ میخانے میں چل
پھر کسی شہنازِ لالہ رخ کے کاشانے میں چل
یہ نہیں ممکن تو پھر اے دوست ویرانے میں چل
اے غمِ دل کیا کروں، اے وحشتِ دل کیا کروں

ہر طرف بکھری ہوئی رنگینیاں رعنائیاں
ہر قدم پر عشرتیں لیتی ہوئی انگڑائیاں
بڑھ رہی ہیں گود پھیلائے ہوئے رسوائیاں
اے غمِ دل کیا کروں، اے وحشتِ دل کیا کروں

راستے میں رک کے دم لے لوں مری عادت نہیں
لوٹ کر واپس چلا جاؤں مری فطرت نہیں
اور کوئی ہم نوا مل جائے یہ قسمت نہیں
اے غمِ دل کیا کروں، اے وحشتِ دل کیا کروں

منتظر ہے ایک طوفانِ بلا میرے لیے
اب بھی جانے کتنے دروازے ہیں وا میرے لیے
پر مصیبت ہے مرا عہدِ وفا میرے لیے
اے غمِ دل کیا کروں، اے وحشتِ دل کیا کروں

جی میں آتا ہے کہ اب عہدِ وفا بھی توڑ دوں
ان کو پا سکتا ہوں میں یہ آسرا بھی توڑ دوں
ہاں مناسب ہے یہ زنجیرِ ہوا بھی توڑ دوں
اے غمِ دل کیا کروں، اے وحشتِ دل کیا کروں

اک محل کی آڑ سے نکلا وہ پیلا ماہتاب
جیسے مُلّا کا عمامہ جیسے بنیے کی کتاب
جیسے مفلس کی جوانی، جیسے بیوہ کا شباب
اے غمِ دل کیا کروں، اے وحشتِ دل کیا کروں

دل میں اک شعلہ بھڑک اٹھّا ہے آخر کیا کروں
میرا پیمانہ چھلک اٹھّا ہے آخر کیا کروں
زخم سینے کا مہک اٹھّا ہے آخر کیا کروں
اے غمِ دل کیا کروں، اے وحشتِ دل کیا کروں

جی میں آتا ہے یہ مُردہ چاند تارے نوچ لوں
اس کنارے نوچ لوں اور اُس کنارے نوچ لوں
ایک دو کا ذکر کیا سارے کے سارے نوچ لوں
اے غمِ دل کیا کروں، اے وحشتِ دل کیا کروں

مفلسی اور یہ مظاہر ہیں نظر کے سامنے
سیکڑوں سلطانِ جابر ہیں نظر کے سامنے
سیکڑوں چنگیز و نادر ہیں نظر کے سامنے
اے غمِ دل کیا کروں، اے وحشتِ دل کیا کروں

لے کے اک چنگیز کے ہاتھوں سے خنجر توڑ دوں
تاج پر اس کے دمکتا ہے جو پتھر توڑ دوں
کوئی توڑے یا نہ توڑے میں ہی بڑھ کر توڑ دوں
اے غمِ دل کیا کروں، اے وحشتِ دل کیا کروں

بڑھ کے اس اندر سبھا کا ساز و ساماں پھونک دوں
اِس کا گلشن پھونک دوں اُس کا شبستاں پھونک دوں
تختِ سلطاں کیا میں سارا قصرِ سلطاں پھونک دوں
اے غمِ دل کیا کروں، اے وحشتِ دل کیا کروں

جگت موہن لال رواںؔ

رواں ۱۴؍جنوری ۱۸۸۹ء، کو مورانواں (ضلع سیتاپور) میں پیدا ہوئے۔

چودھری جگت موہن لال رواںؔ کی عمر صرف نو سال کی تھی کہ ان کے والد چودھری گنگا پرشاد کا انتقال ہوگیا۔ اس کے بعد رواںؔ کے بڑے بھائی بابو کنہیا لال نے ان کی پرورش کی۔ رواںؔ نے ۱۹۱۳ء میں ایم.اے. کیا اور ۱۹۱۶ء میں ایل ایل بی کی سند لے کر اُناؤ میں وکالت شروع کی۔ جلد ہی وہاں کے مایہ ناز وکلا میں شمار کیے جانے لگے۔ شاعری کا شوق بچپن سے تھا اور مرتے دم تک قائم رہا۔ عزیزؔ لکھنوی سے تلمّذ تھا۔

غزلوں میں رواںؔ نے زبان کا خاص طور سے خیال رکھا۔ عامیانہ الفاظ اور لہجہ سے گریز کیا جس کی وجہ سے کلام میں تازگی اور زبان میں صفائی پیدا ہوگئی۔ رواںؔ کا رجحان بالعموم فلسفہ اور معنویت کی طرف ہے لیکن لطف یہ ہے کہ کلام میں خشکی نہیں آنے پاتی۔ رواںؔ اپنی نظموں میں بھی غزل کی چاشنی دے کر نہایت خوبی سے تاثیر کا اضافہ کر لیتے ہیں۔ انھوں نے غزلوں، نظموں اور قطعات

کے علاوہ رباعیاں بھی کافی تعداد میں کہی ہیں۔ان رباعیوں میں زندگی کے مختلف پہلوؤں کی کامیاب تصویرکشی کی گئی ہے۔ بالخصوص زندگی کی بے حقیقی اور بے ثباتی کا نقشہ بڑے موثر انداز میں کھینچا گیا ہے۔انھوں نے رباعی جیسی مشکل صنف میں بھی فلسفیانہ افکار وخیالات کو آسان اور سلیس انداز میں پیش کیا ہے۔رواںؔ پیچیدہ مضامین کو بھی صاف اور سلیس انداز میں پیش کرنے پر قدرت رکھتے تھے۔انتقال کے بعد ۱۹۵۶ء میں رواںؔ کی ایک مثنوی ''نقدِ رواں'' شائع ہوئی تھی جو مہاتما گوتم بدھ کی زندگی سے متعلق ہے۔

رواں نے ۲۶ ستمبر ۱۹۳۴ء کو اُناؤ میں وفات پائی۔

رُباعیات

(۱)

آزاد ضمیر ہو، فقیری یہ ہے
دل بے پروا رہے، امیری یہ ہے
زنجیر نہیں ہے باعثِ قید رواںؔ
محدود رہے خیال، اسیری یہ ہے

(۲)

کیا تم سے بتائیں عمرِ فانی کیا تھی
بچپن کیا چیز تھا، جوانی کیا تھی
یہ گل کی مہک تھی وہ ہوا کا جھونکا
اِک موجِ فنا تھی زندگانی کیا تھی

(۳)

اسبابِ جہاں سے دل کو بہلائیں ہم
اِس طرح کا دل بھلا کہاں پائیں ہم
خلوت میں بھی حیف دل کو ایذا ہے وہی
اب اپنے سے بھاگ کر کہاں جائیں ہم

(۴)

ہے صفحۂ فطرت اِک نصابِ تعلیم
واجب ہے ہمیشہ انتخابِ تعلیم
دانا کے لیے کتابِ ہستی میں رواںؔ
انسان ہے، انسان کا بابِ تعلیم

صفیہ اختر

اردو ادب میں خطوط نویسی بھی ایک مستقل صنفِ نثر کی حیثیت رکھتی ہے۔غالبؔ،شبلیؔ،حالیؔ، اقبالؔ،چودھری محمد علی ردولوی اور کئی دوسرے نامور ادیبوں کے خطوط اندازِ بیان کی ندرت کی وجہ سے مقبول ہیں۔صفیہ اختر کی پیدائش ۲۶ رجنوری ۱۹۲۲ءکولکھنؤ میں ہوئی۔

صفیہ اختر کو بھی جواُردو کے مشہور شاعر مجازؔ کی بہن اور جاں نثار اختر کی شریکِ حیات تھیں، اردو خطوط کی دنیامیں منفرد اور امتیازی مقام حاصل ہے۔صفیہ اختر نے اپنے شوہر جاں نثار اختر کو جوخطوط لکھے تھے وہ ''زیرِلب'' اور ''حرفِ آشنا'' نامی دو مجموعوں میں اکٹھا کیے گئے ہیں۔یہ خطوط ہیں تو خانگی لیکن صفیہ اختر کے پُراثر قلم اوراُن کی دل کو چھو لینے والی جذبات نگاری نے انفرادی اور نجی چیزوں کو عام اور عالمگیر بنادیا ہے۔اِن خطوط کو پڑھتے ہوئے دل کے تار جھنجھنا اُٹھتے ہیں۔صفیہ کے اِن خطوط میں ایک فراق زدہ،بے بس،بیمار،محبت کرنے والی،سماج سے ٹکرانے والی اوراپنے شوہر کوسہارادینے والی عورت کی تصویر ملتی ہے۔

کرشن چندر نے صفیہ اختر کے خطوط کابڑا عمدہ تجزیہ کیاہے،وہ لکھتے ہیں:

''ان خطوں کے اندر ہی اندر مجھے اپنے پُرانے کلچر کی دھیمی دھیمی رو بہتی ہوئی ملتی ہے۔ مجھے ایسا محسوس ہوتا ہے جیسے کالی داس کے میگھ دوت کا ہجر، اس کی تمنائے وصال، اس کی محرومی اور ناکامی سینکڑوں برس کے بعد آج بھی زندہ ہے اور اسی طرح نازک دلوں کو برماتی ہے... صفیہ کے خطوں میں مجھے نئی ہندستانی عورت کی جھلک نظر آتی ہے۔ وہ عورت جو بیوی بھی ہے، رفیق بھی ہے، ساتھی بھی ہے۔ وہ عورت جو مرد کے بازوؤں کی زینت ہی نہیں بلکہ خود اس کا بازو بھی ہے، اس کی قوت ہے، توانائی ہے۔''

اردو خطوط نگاری میں صفیہ اختر کے خطوط اپنے اسلوب کے لحاظ سے منفرد حیثیت کے حامل ہیں۔ ان کے خطوط کے مجموعے اردو ادب میں اپنی علاحدہ شناخت رکھتے ہیں۔

صفیہ اختر کا انتقال ۱۷ جنوری ۱۹۵۳ء کو لکھنؤ میں ہوا۔

زیرِلب

(صفیہ کے خطوط اختر کے نام)

محبوب منزل

بھوپال

یکم جنوری ۵۱ء

اخترِ عزیز!

بہت سا پیار، تمھارا پچیس کا لکھا ہوا خط مجھے جمعہ کو ہی مل گیا تھا۔ مستقل مصروفیت نے جواب لکھنے کی مہلت نہ دی۔ بارے کالج کا سارا پروگرام بخیر وخوبی انجام پا گیا۔ تمھاری ''ستاروں کی صدا'' بہت مقبول ہوئی۔ اس پوری پریشانی میں میری تسکین کا سامان یہی تھا۔

تم نے ایک آدھ بات ایسی لکھی ہے جس سے میں اتفاق نہیں کر سکتی، اختر تمھاری فطرت میں تھکاوٹ کا احساس آج تک مجھے نہیں ہوا۔ تمھاری ہر صلاحیت بھرپور طریقے پر آج بھی زندہ ہے۔ تم بے پناہ محبت اور شدید نفرت کر سکتے ہو۔ میں تمھاری محبت اور نفرت دونوں سے ہمیشہ

خائف رہی۔ یہ تمھاری کمزوری نہیں میری ہے اور سچ پوچھو تو یہ کمزوری بھی نہیں۔ میں بہہ جانے کی قائل نہیں رہی۔ میں نے تمھارے قدم بھی ہمیشہ زمین پر ٹکانے چاہے ہیں۔ اسے اگر تم یہ سمجھو کہ تمھیں میرے دل کی وہ محبت نہیں مل سکی جو تم چاہتے تھے تو میں یہ بات نہ مانوں گی اختر۔ تم چاہ سکتے ہو اور دیوانہ وار چاہ سکتے ہو۔ میری چاہت دیوانی ہو کر بھی حقیقتوں سے چشم پوشی نہیں کرتی۔ محبت کے اس امتزاج کے سہارے ہی ہم یہاں تک پہنچے ہیں۔ جہاں ہم ایک دوسرے کے بغیر نامکمل اور بے معنی رہ جاتے ہیں دوست۔ مجھے تو تم سے وہ ملا جو دنیا میں تمھیں سے مل سکتا تھا۔ زندگی کے عظیم الشان تجربے، سماج کی عزت، بچے، گھر، کردار، شخصیت۔ سبھی کچھ تو میں نے تم سے پایا۔ پھر بھی تم ایسا سوچ کے دل دکھاتے ہو کہ تم مجھے بہت کچھ نہ دے سکے۔ زندگی کے حالات اُلجھے ہوئے ہیں دوست! آؤ ایک دوسرے پر اعتماد بڑھائیں۔ تم میرے سامنے سرخرو اور سر بلند ہو کر آؤ۔ تم نے مجھے ایک انوکھی اور نویلی زندگی دی ہے جو تمھارے بغیر میں نہ پا سکتی تھی۔ ایک شاعر کی بیوی ہونا کوئی معمولی مرتبہ نہیں اختر! میں اکثر سوچتی ہوں کہ اگر احساس کی یہ لطافتیں میرے حصّے کی نہ ہوتیں تو یہ زندگی کتنی بے کیف ہوتی۔

اختر! تم میرے Prosaic پن سے گھبراؤ نہیں۔ گو کہ یہ کمی مجھ میں ہے لیکن یہ غنیمت ہی ہے۔ ورنہ ہم ضرور ہی حقیقتوں سے بھٹک جاتے۔ اور حقیقتوں سے بچ کر کہاں جا سکتے تھے دوست! وہ ہمارا پیچھا ضرور کرتیں، میرے دل کی گرمی۔ میرے سینے کا گداز۔ میرے ذہن کی روشنی۔ میری کلائی کی مضبوطی۔ یہ سب کچھ تمھاری زندگی کے راستے میں صرف ہوں گی۔ تمھاری زندگی کے لیے یہی کچھ ہے میرے پاس اور پوری وفاداری کے ساتھ ہے یہ سب کچھ۔

تم اس احساس کو مٹا ڈالو اختر کہ آج تک تمھاری طرف سے کوئی کمی میرے ساتھ رہی ہے۔ اگر تمھیں میرے لیے یا مجھے تمھارے لیے کوئی قربانی دینی پڑی ہوگی تو اس کی ذمہ داری تو ان حالات پر ہے جس میں ہم گھرے ہوئے ہیں۔ آج میں تم سے دور ہوں، تنہا ہوں تو کیا تم کسی طرح بھی مجھ سے بہتر حالت میں ہو؟ کیا تم میری خاطر سختیاں نہیں جھیل رہے؟ یہ قربانیاں رائیگاں نہ

جائیں گی۔

آؤ یہ نیا سال اس طرح شروع کرو کہ مجھ پر اعتماد پیدا کرو۔ اور خود پر بھی۔ تمھارا حوصلہ دگنا ہو جائے گا۔ تمھاری محبت کے لازوال سرچشمے اُبل پڑیں گے۔ تم جاگ جاؤ گے اور میرا سال! ''اسی کے نام سے جس کی محبت میری دنیا ہے۔'' پیار لو۔

تمھاری صفّو

....

بھوپال

۳/اپریل ۵۱ء

میرے ہی اختر!

ہزاروں پیار اور بہت سی دعائیں،

تمھارا پہلی کا لکھا ہوا خط مجھے آج منگل ہی کو مل گیا۔ حسب اندیشہ تمھاری طبیعت حد سے زیادہ بدمزہ اور مکدر ملی۔ دوست! تم جانتے ہو کہ یہ دور عجیب خلفشار کا دور ہے۔ بقول شخصے، ہر چہرے پر ناآسودہ خوشیوں اور نامراد اُمنگوں کی کہانی لکھی ہوئی ہے۔ تم اس ناآسودگی کو ذاتی شکست خوردگی کیوں سمجھو؟ آج دنیا کے مسائل ہی اس طرح اُلجھے ہوئے ہیں کہ ہمیں فی الحال کوئی روشن حل قریب نہیں دکھائی دیتا اور ہم بھی اسی دنیا کا ایک حصّہ ہیں۔ ہمیں بھی غیر مطمئن اور ناآسودہ رہنا ہے۔ اور اسی طرح پوری بہادری سے جینا ہے۔ اس لیے کہ ہمارا یقین ہے اور ہمارا ایمان کہ اگر ہم نے یہ fight برقرار رکھی تو جیت ہماری ہی ہوگی۔

دوست! اپنے گرد و پیش نظر کرو۔ بمبئی میں بڑی آسانی سے قریب ہی تم کو ہزاروں مثالیں خود سے زیادہ ناآسودہ اور خود سے زیادہ شکست خوردہ شخصیتوں کی مل جائیں گی۔ میں تو شکر کرتی ہوں کہ ہم تو پھر بھی بہتوں سے بہتر حالت میں ہیں۔ تم برسرِ روزگار ہو۔ خدانخواستہ کسی کے دست نگر نہیں۔ تمھارے بچے آرام سے ہیں اور اچھی طرح پل رہے ہیں۔ مجھے تمھاری محبت، تمھاری سرپرستی، تمھارا اعتماد سبھی کچھ حاصل ہے۔ اور تمھیں میری پوری ہستی، میری پوری زندگی۔ پھر ہم

اپنے کو ہارے ہوئے انسانوں میں کیوں سمجھیں؟ تھک مت جاؤ ساتھی، یہ خود فریبی نہیں حقیقت ہے کہ آج نہیں تو کل ایک روشن سویرا بھی جھلک اُٹھے گا۔

تنہائی اور اس طرح کی بے تکی زندگی بہت تکلیف دہ ہے۔ مگر ذہنی سہارے بڑی تسکین کا باعث بن سکتے ہیں۔ اس میں شبہ نہیں کہ میری محبت، میری وفاداری اور میرا خلوص تمھیں اس شکست خوردگی کے احساس سے نجات نہ دلا سکا تو میں جان لوں گی کہ ضرور مجھ میں ہی کچھ کمی ہے جسے مجھے ضرور دور کرنا چاہیے؟ آخر تم نے خود کو مجھ سے علیحدہ کیوں کیا؟ اور یوں طبیعت کو بدحظ کیوں کیا؟ خوش رہو، کھاؤ، پیو، ہنسو اور بہت سا کام کرو، اس یقین کے ساتھ کہ ایک گرم دل اور دو نازک دھڑکنیں تمھیں پیار، عزت، فخر اور غرور سے اپنا سمجھتے ہیں۔ تم کبھی بچوں کی طرف نگاہ کرو اور دیکھو کہ انھیں تم پر کتنا ناز ہے۔ زندگی کی یہ مسّرتیں ہمیں ہر مخالفت اور ہر مزاحمت سے ٹکّر لینے کے قابل بنا سکتی ہیں۔

گھبرا مت جاؤ دوست! میری طرف سے یہ اعتماد پیدا کرو کہ ہر کڑی گھڑی میں میرے لیے تمھارے ہی دم سے راحت ہے اور تمھاری ہی محبت سے تسکین۔ تمھاری بے پناہ دلداریاں اور تمھارا یہ گداز میری ہر چیز سے، یہاں تک کہ میری ہستی سے بھی زیادہ ہے میں اس کا بدل تمھیں صرف اتنا ہی دے سکتی ہوں کہ میں تمھاری ہوں اور تمھاری ہر مشکل میری ہے۔ میں ہر مشکل کو راحت میں تبدیل کروں گی۔ اور ہر دشواری کو تمھارے لیے آسان بناؤں گی۔ مجھ پر بھروسہ کرو اور خود پر بھی۔ پھر یہ شکست کا احساس تم میں نہ اُبھرے گا ساتھی۔

اچھا آؤ معصوم بچوں کی طرح ہر آلودگی سے پاک ہو کر میرے سینے پر سر رکھ دو اختر! میں کبھی کبھی وہ محبت بھی دے سکتی ہوں جو بچے کو ماں سے ملتی ہے تاکہ وہ پروان چڑھ سکے۔ اختر آج سے تم ایسے خراب اندیشے ذہن میں نہ لانا۔ زندگی بہت قیمتی ہے اور عزیز، اور پھر تمھاری یہ زندگی، اس کی قیمت کوئی مجھ سے پوچھے، آؤ ہم ایک دوسرے سے مل کر ایک ہو جائیں۔

تمھاری صفو

ابن انشا

ابن انشا کا اصل نام شیر محمد خاں تھا۔ ان کی پیدائش ۲۷ جون ۱۹۲۷ء کو غیر منقسم پنجاب کے ضلع جالندھر کے ایک قصبہ پھلور میں ہوئی تھی۔ ان کے والد راجستھان کے تھے۔ انشا نے سنہ ۱۹۴۶ء میں پنجاب یونیورسٹی سے بی اے کیا، پھر جالندھر یونیورسٹی سے ایم۔ اے کی ڈگری حاصل کی۔ وہ کئی سرکاری ملازمتوں میں رہے اس کے علاوہ پاکستان ریڈیو سے بھی ان کی وابستگی رہی۔ انھوں نے پاکستانی حکومت کی جانب سے اقوام متحدہ میں بھی نمائندگی کی۔

ابن انشا کی شناخت طنز و مزاح نگار، فکاہیہ کالم نگار اور سفر نامہ نگار کی حیثیت سے ہے، لیکن وہ ایک خوش فکر اور منفرد شاعر بھی تھے۔ ان کے تین شعری مجموعے 'اس بستی کے اک کوچے میں، 'چاند نگر' اور 'دلِ وحشی' اس بات پر دال ہیں۔ انشا کا دور قد آور شعرا کا دور تھا جس میں فیض احمد فیض، ناصر کاظمی، مصطفیٰ زیدی جیسے باکمال شعرا موجود تھے۔ لیکن ان سب سے الگ انشا نے اپنی طرز نکالی اور اپنی شاعری کے لیے نئی زمینیں تراشیں۔ انشا کے فکاہیہ مضامین کے مجموعے 'خمارِ گندم' اور 'اردو کی آخری کتاب' اردو ادب میں اضافے کی حیثیت تو رکھتے ہی ہیں، ساتھ ہی

ان کے سفرنامے 'آوارہ گرد کی ڈائری'، 'دنیا گول ہے'، 'ابن بطوطہ کے تعاقب میں'، 'چلتے ہو تو چین کو چلیے' اور 'نگری نگری پھرا مسافر' اردو سفرناموں میں سنگِ میل کی حیثیت اختیار کر گئے ہیں۔

ابن انشا کو سلیس نثر لکھنے پر زبردست قدرت حاصل تھی۔ اسی لیے ان کے اخباری کالم عوام میں بے حد مقبول تھے۔ ابن انشا صحافت میں آئے تو کئی اخباروں کی ادارت میں شامل رہے۔ اس کے ساتھ ساتھ کالم نگاری بھی جاری رکھی۔ انھوں نے اردو مزاح نگاری کو نئے ذائقوں سے روشناس کروایا ہے۔

اردو کا یہ منفرد شاعر اور نثر نگار کینسر کے موذی مرض کا شکار ہو کر ۱۱ر جنوری ۱۹۷۸ء کو لندن میں ابدی نیند سو گیا۔

اک ذرا تہران تک

ایک بار پھر ہمارے آوارہ گرد پاؤں میں کھجلی ہوئی اور ہم نے تہران جانے کا اذن پا کر اپنی فارسی کو وِم لگا کر رگڑ رگڑ کر مانجھا۔ اچھا تو آقائے ابن انشا اس دیار میں پھر جاؤ اور صبحانہ کھاؤ۔ کوچوں میں گھومو اور جوتا گھس جائے تو اسے تعمیر کراؤ کہ وہاں مرمّت کے لیے یہی لفظ ہے۔ مکان ساختمان ہے اور ادارہ سازمان۔ نوکرانی کلفت ہے اور ڈرائیور آقائے رانندہ۔ دستگیر کا مطلب گرفتار ہے اور گرفتار کا مطلب مصروف۔ ہمارے ایک دوست نئے نئے سفارت خانے میں آئے تو دوسرے روز اپنی سیکریٹری کی درخواست رخصت میز پر پا کر بہت پریشان ہوئے۔ اس میں لکھا تھا:

''بوجہ گرفتارِ شخصی آج دفتر نہیں آسکتی۔'' یہ بڑے ہمدرد قسم کے ہیں، فون کر کے پوچھا، ''بی بی تیرا کون شخص گرفتار ہو گیا ہے۔ ہم ضمانت دے کر چھڑا دیں۔'' تب معلوم ہوا کہ ''گرفتارِ

شخصی'' کا مطلب پرسنل کام یعنی ذاتی مصروفیت ہے۔کسی ایرانی غریب کے گھر جائیے تو ازراہ خاکساری یہ مت اصرار کیجیے کہ میں فرش پر بیٹھوں گا۔وہ بے چارہ آپ کے لیے فرش کا بندوبست کرتا پھرے گا۔فرش کے معنی قالین ہیں آج کی فارسی میں۔

ہم سمجھ رہے تھے کہ اب کے بہار کی بانگی دیکھیں گے۔خیاباں خیاباں ارم پائیں گے۔ایک بار جانا ہوا تو کڑاکے کے جاڑے کا عمل تھا۔دسمبر کا مہینہ برف دیکھتے دانت کٹکٹاتے لوٹے۔ دوسری بار اپریل تھا۔ہم اپنے ٹھنڈے لباس میں چلے اور وہاں پہنچتے ہی ریفریجریٹر میں لگ گئے۔پہلی بار کنارِ آبِ رکنا باد و گلگشتِ مصلیٰ دونوں سے مایوس آئے۔شیراز میں برگ و بار کا نشان نہ تھا۔دوسری بار کیسپین کے کنارے راتیں گزار، دلگداز نظمیں لکھتے لوٹے۔بہار سے دونوں بار ملاقات نہ ہوئی۔اب کے جانے سے پہلے ہم نے پوچھا ''یارو یہ کون سا فارسی مہینہ ہے؟'' معلوم ہوا کہ اردی بہشت ہے۔بلکہ اس کا بھی چل چلاؤ ہے۔بے اختیار سودا کا قصیدہ یاد آیا:

اُٹھ گیا بہمن و دَے کا چمنستاں سے عمل
تیغِ اُردی نے کیا ملکِ خزاں مستاصل

ہم نے پی آئی اے والوں سے کہا ''بھیّا جلدی سے دے دو ایک ٹکٹ تہران کا ہمیں ورنہ بہار چلی جائے گی۔''

کام نے ہم کو نکّما کر دیا ورنہ ہم بھی آدمی تھے عشق کے

افسوس کہ ہمارا شوقِ بہار بینی و گل چینی اب کے کام کی نذر ہو گیا۔ہم ''چلتے ہو تو چمن کو چلیے'' اپنے غسل خانے ہی میں گنگناتے رہ گئے۔کسی باغ و راغ تک رسائی نہ ہوئی ورنہ جی چاہتا تھا کیا کیا کچھ۔بس اپنے ہوٹل کی گیلری سے نیچے جھانک لیتے تھے اور چونکہ ہم طبقۂ چہارم پر تھے یعنی چوتھے مالے پر، لہٰذا ہمسایوں کے صحنوں اور چمنوں پر نظر پڑتی تھی۔اب کے ہم نے یہ دیکھا کہ یہ لوگ اپنے ہی گھروں میں گلزار بناتے ہیں۔صحن کتنا بھی چھوٹا ہو اس میں ایک تختہ گھاس اور پھولوں کا ضرور ہو گا۔بڑا صحن ہے تو بڑی پھلواری ہے۔لیکن وہاں سبزے پر بیٹھنا یا اس کو روندنا بد

ذوقی بلکہ گناہ سمجھا جاتا ہے۔ اس کے گرد کرسیاں بچھا کر بیٹھتے ہیں اور آنکھوں میں ٹھنڈک بساتے ہیں۔ ہمارے ہوٹل کے صحن میں بھی ایک تختہ گھاس کا تھا جس کے چاروں کونوں میں گلاب کے تھالے تھے اور گلاب بھی قسما قسم کے۔

ہم جس ہجوم میں تھے اس میں بھی کئی ملکوں کے لوگ تھے۔ انگریز، ہندستانی، سیلونی وغیرہ۔ ان لوگوں کو تو کوئی تکلیف وہاں نہ ہوئی۔ ہاں ہماری فارسی نے ہمیں بہت دکھ دیا۔ ان لوگوں کو فارسی جاننے کا ادعا نہ تھا لہٰذا انگریزی بولتے تھے۔ ہم فارسی بولتے تو ایسی زناٹے کی تھے کہ خود ایرانی ہمارا منہ تکتے رہ جاتے تھے۔ لیکن جب ایرانی جواب دیتا تو رفت گیا اور بود تھا سے آگے نہ سمجھ پاتے تھے۔ بس بلے بلے، چشم چشم، مرسی مرسی کرتے رہ جاتے تھے۔ کوئی بھی زبان ہو اس کا بولنا آسان ہے سمجھنا مشکل ہے۔ اب کے ایئر پورٹ ہی سے ایسا ڈرائیور ملا کہ ہم فارسی بولیں تو انگریزی میں جواب دیتا تھا۔ ہوٹل کے کاؤنٹر پر ہم نے انگریزی بگھاری تو کاؤنٹر کا آدمی اردو میں بولا "جی اچھا، جی اچھا" ہم نے پوچھا یعنی؟ تب معلوم ہوا کہ وہ شخص تین سال کراچی میں رہا ہے اور پندرہ سال اس سے پہلے بمبئی میں۔ پس ہوٹل میں اردو چلی۔ جس میٹنگ میں ہم گئے تھے اس میں انگریزی چلی۔

ہم سوچتے ہیں کہ سعدی اور حافظ زندہ ہو کر تہران کے بازاروں کا چکر لگائیں تو خود چکرا جائیں۔ خانہ کو خونہ آسمان کو آسمون تو خیر سُن ہی لیں گے اخبار میں رژیم کا مطلب کیا لیں گے۔ سائن بورڈ پر دیکار یسیون اور سالن اور مبل اور اپار تمنہتائے کو کیا سمجھیں گے۔ یہ بھی انگریزی اور فرانسیسی کے لفظ ہیں۔ سالن کا لفظ دیکھ کر آپ کے منہ میں پانی نہ بھر آنا چاہیے۔ اس کا مطلب Saloon ہے۔ اس میں بال کٹایئے، چمپی کرایئے، یا اپنی جلد پر جھاواں پھروایئے۔

ہمارے ایرانی بھائی ترقی کی دوڑ میں سرپٹ اتنا آگے نکل گئے ہیں کہ ان کی بعض چیزیں ان کا ساتھ نہیں دے سکیں۔ بہت پیچھے رہ گئی ہیں۔ مثلاً ڈاک کا انتظام، تار کا انتظام، ٹیلی فون وغیرہ کا انتظام۔ ہمیں ایک دوست سے ملنا تھا۔ سوچا ایک خط لوکل ڈاک سے لکھ دیں کہ ہم ہوٹل

اٹلانٹک میں مقیم ہیں۔ اس روز نہ سہی اگلے روز مل جائے گا۔ اوّل تو پتہ چلا کہ یہاں جا بجا ڈاک خانے نہیں ہیں۔ لیٹر بکس بھی سڑکوں پر نہ ملیں گے۔ ٹکٹ لفافے بھی دکانوں وغیرہ پر نہیں ملتے۔ بہت ضرورت ہے کسی ڈاک خانے میں جاؤ خط لکھ کر وہیں ڈالو اور پھر اللہ کی قدرت کا تماشا دیکھو۔ ہم نے ایک ڈاک خانہ ڈھونڈ نکالا۔ سیڑھیوں پر بیٹھے ایک آدمی سے دو آنے کا لفافہ اور دو آنے کا کاغذ خریدا، خط لکھنے کے لیے۔ اسے بند کر کے احتیاطاً ''مقامی'' بھی لکھ دیا۔ یہ خیر ایک غلطی ہماری تھی ''شہری'' لکھنا چاہیے تھا۔ خط لکھ کر ہم انتظار کرنے لگے کہ اب فون آتا ہے میاں شبیر احمد اختر کا۔ ہوٹل والے سے پوچھتے کہ کوئی بھلا مانس تو آیا نہیں ہمیں ملنے کے لیے؟ یہ خط گرتا پڑتا چوتھے روز اپنی منزل مقصود پر پہنچا۔ ایک بات یہ کہ تہران خط لکھیے تو پتہ انگریزی میں نہ لکھیے۔ ایسے خط وہاں دارالترجمہ میں بھیج دیے جاتے ہیں۔ وہ اس پتے کو فارسی حروف میں منتقل کرتا ہے۔ یونی ورسٹی میں ایک طالب علم ہیں عبدالقیوم قریشی۔ ان کا خط گیا، انگریزی میں پتہ لکھا ہوا۔ دارالترجمے میں جو شخص تھا اس نے اس انگریزی کی فارسی یوں بنائی ''ابوالقاسم مویشی''۔ وہ خط ان کے بورڈنگ ہاؤس کی میز پر ہفتے بھر پڑا رہا۔ قریشی صاحب خط اُٹھاتے تھے اور حیران ہو کر واپس رکھ دیتے تھے کہ چوپایوں کے خط یہاں کیوں آنے لگے۔ کسی سلوتر خانے یا کانجی ہاؤس میں کیوں نہیں جاتے اور گھر سے میرا خط کیوں نہیں آتا۔ کئی دن بعد انھوں نے اصل انگریزی پتہ پڑھا اور مکتوب الیہ آدمی کی جون میں آیا۔

ایران میں پہلی جنگِ عظیم تک بڑی ابتری تھی۔ ایک امریکی ماہرِ مالیات مسٹر شوستر پہلی جنگ عظیم کے آس پاس، شاید کچھ پہلے ایران بُلائے گئے اور وزیر خزانہ بنائے گئے تو حیران ہوئے کہ کسی نے بجٹ کا نام ہی نہیں سُنا۔ آمد و خرچ کا کچھ حساب ہی نہیں۔ پہلی فائل جو ان کے پاس آئی، یہ تھی کہ شتر خانے کے لیے تیل چاہیے اور موٹر خانے کے لیے بھوسے کی ضرورت ہے۔ یہ بہت جز بز ہوئے کہ یہ کیا مذاق ہے۔ بعد ازاں کھلا کہ کوئی مذاق نہیں۔ سیدھی بات تھی، تیل اونٹوں کی مالش کے لیے چاہیے تھا اور موٹر خانے کے ملازمین کو تنخواہ بھوسے کی صورت

میں ملا کرتی تھی۔ یہ ساری اصلاحات ان پچاس سال میں ہوئیں۔اب تو خیر عالم ہی اور ہے۔ لباس پہلے جبراً مغربی کیا گیا تھا اب اختیاری طور پر ہے۔جا بجا عورتیں مغربی اسکرٹ پر کالی یا چارخانے کی چادر اوڑھے نظر آئیں گی۔ یہ یا تو دیہاتی ہوتی ہیں یا پُرانی چال کی۔قاچاروں اور ماژندوں کے زمانے کے ایرانیوں کی تصویریں دیکھیے۔کیا شاندار سرسیدی ڈاڑھے ہوا کرتے تھے۔اب وہاں ڈاڑھی کا رواج نہیں۔ہاں سکھوں کے ضرور نظر آئیں اور سکھ تہران میں بہت ہیں۔موٹروں کے پُرزے بیچتے ہوئے۔پٹ پٹ فارسی بولتے ہوئے۔اس میں پنجابی کا رس گھولتے ہوئے۔

ہم جتنے دن تہران میں رہے لسّی پیتے رہے۔دوغ کہلاتی ہے۔ترکی میں بھی لسّی ہمارا من بھاتا مشروب رہا ہے۔وہاں اسے آئرن کہتے ہیں۔کھٹاس لیے ہوئے۔بوتل میں بند۔بقدر ذائقہ نمک ڈال لیجیے۔اے لوگو سنو کہ ایران میں ملاوٹ نہیں ہوتی۔لوگوں کو موبل آئیل یا بھٹّے کی اینٹیں یا لکڑی کا برادہ نہیں کھلایا جاتا۔دودھ، دہی اور مکھن مسکا سب خالص،ترکی میں بھی ملاوٹ کا تصوّر نہیں۔یہ فخر بس ہمیں کو حاصل ہے۔

صفائی کا حال بھی سُن لیجیے۔ہمارے ہاں لوگوں نے ڈنڈے کے خوف سے چند دنوں دکانوں پر جالیاں لگائیں۔جب دیکھا کہ کوئی نہیں دیکھتا تو اتار پھینکیں۔تہران میں کسی شخص کو گوشت کی دکان کھولنے کا اجازت نہیں ملتی جب تک اس کے پاس ریفریجریٹر یا ڈیپ فریز رنہ ہو۔

چلو کباب تو خیر ایرانیوں کی مشہور ڈش ہے۔اُبلے چاول، اس میں مکھن کی ٹکیہ ملائیے۔ایک انڈا بھی کچا توڑ کر ڈال لیجیے۔ساتھ پیاز اور بہت سا سلاد لیکن عام خوراک کباب اور روٹی کہہ سکتے ہیں اور روٹی یہاں کئی بھانت کی ہوتی ہے۔نرم اور موٹی سے لے کر پتلی کاغذی سی تک۔یہ رواج اب صرف پاکستان اور ہندستان میں ہے کہ میاں کو گرم گرم روٹی چاہیے۔ چاہے آدھی رات کو بھی آئے تو بی بی چولھے کے پاس کھڑی ہو کر پھلکے اُتارے گی۔ایران،

افغانستان یا عرب میں کہیں یہ رواج نہیں ۔سالن گھر میں پکاؤ لیکن روٹی نان بائی کے ہاں سے لاؤ۔ایرانی شام کا کھانا گھر پر نہیں کھاتا۔شام ہوئی اور بیوی بچوں کو لے کر گھر سے نکلا۔کسی باغ میں، کسی حوض پر، کسی نہر کے کنارے یا کسی اور پُر فضا مقام پر ڈیرہ جاڈالا۔ٹھنڈی ہوا کھائی۔ پاس کوئی ریستوران ہوگا وہاں جا بیٹھے۔جیسی جیب ویسا کھانا۔کسی ایرانی سے شام کو اس کے گھر پر ملنے کا طے نہ کیجیے۔اسے تکلیف ہوگی۔اس کے معمول میں فرق آئے گا۔دوپہر کے بعد بھی ملنے کی کوشش نہ کیجیے۔یہ اس کے قیلولے کا وقت ہے۔قیلولے کا یہ احوال ہم نے ایران میں دیکھا، اور انڈونیشیا میں دیکھا کہ" آگیا عین لڑائی میں وقتِ قیلولہ" تو وہ ڈھال تلوار پھینک کر یہ شعر پڑھتا ہوا لمبا لمبا لیٹ جائے گا۔

تیرے زانو پہ میں سر رکھ کے ابھی سوتا ہوں
انقلاب آئے تو مجھ کو بھی جگانا ساقی

■■

قرۃ العین حیدر

قرۃ العین حیدر کی پیدائش ۲۰ رجنوری ۱۹۲۷ء کو علی گڑھ میں ہوئی، جہاں اُن کے والد سجاد حیدر یلدرم علی گڑھ مسلم یونیورسٹی میں رجسٹرار تھے۔ اُن کی والدہ کا نام نذرِ سجاد حیدر تھا۔ قرۃ العین حیدر کے والد اور والدہ دونوں معروف اور صاحب طرز افسانہ نگار اور ناول نگار تھے۔ سجاد حیدر یلدرم کو اردو افسانے میں رومانیت کے رجحان کا بانی قرار دیا جاتا ہے جبکہ ان کی والدہ کے ناول ''اختر النساء بیگم اور ''آہِ مظلوماں'' اردو کے ابتدائی ناولوں میں بڑی اہمیت کے حامل ہیں۔ قرۃ العین حیدر نے اپنی والدہ کے تمام ناولوں کو''ہوائے چمن میں خیمۂ گل'' کے عنوان سے کلیات کی شکل میں ترتیب دیا ہے۔

قرۃ العین حیدر کی پرورش علمی ماحول میں ہوئی اور انھیں ادبی و تخلیقی ذہن و شخصیت وراثت میں ملی۔ انھوں نے لکھنؤ یونیورسٹی سے انگریزی میں ایم۔اے کی ڈگری حاصل کی اور انگریزی صحافت سے وابستہ ہوگئیں۔ انھیں مصوری کا بھی شوق تھا لہٰذا گورنمنٹ اسکول آف آرٹ، لکھنؤ سے آرٹ کی باضابطہ تعلیم حاصل کی۔ قرۃ العین حیدر کو بچپن سے ہی کہانیاں لکھنے کا شوق تھا۔ ان کے

کل پانچ افسانوی مجموعوں 'ستاروں سے آگے' (۱۹۴۷)، 'شیشے کا گھر' (۱۹۵۴)، 'پت جھڑ کی آواز' (۱۹۶۷)، 'روشنی کی رفتار' (۱۹۸۳) اور 'جگنوؤں کی دنیا' (۱۹۹۰) ہیں۔ تاہم ان کی اصل شناخت ناول نگار کے طور پر ہے۔ ان کے ناولوں میں خاص طور سے ''آگ کا دریا'' بین الاقوامی شہرت کا حامل ہے اور اس کے متعدد زبانوں میں ترجمے ہو چکے ہیں۔ اس کے علاوہ 'آخرِ شب کے ہم سفر'، 'میرے بھی صنم خانے'، 'گردشِ رنگ چمن'، 'کارِ جہاں دراز ہے'، 'سفینۂ غم دل'، 'چاندنی بیگم' ان کے دیگر ناول ہیں۔ اُن کے ناولٹ 'سیتا ہرن' اور 'اگلے جنم موہے بٹیا نہ کیجو' بھی بہت مشہور ہوئے۔ اس کے علاوہ ان کی متفرق تحریروں میں بچوں کے لیے روسی کہانیوں کے تراجم بھی اہمیت کے حامل ہیں۔

قرۃ العین حیدر کے ناولوں اور افسانوں میں تعلیم یافتہ جاگیردار گھرانوں کا ماحول نظر آتا ہے اور ساتھ ہی انسانی وجود کی ازلی تنہائی اس کے ارادوں اور منصوبوں کی وقت کے ہاتھوں پسپائی اور ذہنی آشوب کو نہایت نازک اور دقیق نفسیاتی پیرائے میں پیش کیا گیا ہے۔

قرۃ العین حیدر کو ان کی ادبی خدمات کے لیے متعدد انعامات و اعزازات سے نوازا گیا۔ جن میں ان کے ناول آخرِ شب کے ہم سفر کے لیے ہندوستان کا سب سے بڑا ادبی انعام، گیان پیٹھ ایوارڈ (۱۹۸۹) بھی شامل ہے۔ اس کے علاوہ ۱۹۶۷ء میں ان کے تیسرے افسانوی مجموعے ''پت جھڑ کی آواز'' کے لیے ساہتیہ اکادمی ایوارڈ، ۱۹۶۹ء میں سویت لینڈ نہرو ایوارڈ، ۱۹۸۴ء میں حکومت ہند کے دوسرے سب سے بڑے شہری اعزاز ''پدم شری'' سے نوازا گیا اور اسی سال انھیں غالب ایوارڈ بھی تفویض ہوا۔ اس کے علاوہ انھیں ''اقبال سمان'' اور ساہتیہ اکادمی کی فیلوشپ سے بھی نوازا گیا۔ اردو کی منفرد اور صاحب طرز اسلوب نگار نے ۲۱ اگست ۲۰۰۷ء کو نوئیڈا میں اپنی رہائش گاہ پر داعی اجل کو لبیک کہا اور جامعہ ملیہ اسلامیہ میں مدفون ہوئیں۔

جگنوؤں کی دُنیا

بیکٹ ہاؤس، الموڑہ کے برآمدے پر چڑھا کر کھانے کے لیے مثالی کھٹّے انگوروں کی بیل پھیلی ہوئی تھی۔ برآمدے کے نیچے ایک گھنا درخت کھڑا تھا۔ لان کی سرسبز ڈھلان کے نیچے مال روڈ تھی۔ اس سے نیچے بل کھاتی سڑک پہ موٹریں اور لاریاں کھلونوں کی طرح رینگتی نظر آتی تھیں۔

جس روز ہم لوگ بیکٹ ہاؤس پہنچے، ٹانگ پر پٹّی باندھے اچھّو بچوں کے کمرے میں سفید پلنگڑی پر ٹھاٹھ سے بیٹھی تھی۔ اس نے بڑے رعب سے مجھے مخاطب کیا، ''جناب ہم اتنی اونچی پہاڑی سے گرے تھے۔ گرتے گرتے ہم ایک خوفناک چٹان پر پہنچے۔'' اچھّو نے جو قصّہ سنایا اس سے گمان ہوسکتا تھا وہ نندہ دیوی سے گری تھی۔ اب وہ ایک مہینے سے پلنگ پر چڑھی سب پر حکم چلا رہی تھی اور اپنے حادثے کی وجہ سے بے حد اہم ہو چکی تھی۔ اور اپنے گھنگھریالے بال

جھٹک کر خوب ہنستی تھی۔

چچی وحیدہ کچھ عرصہ کے لیے نہٹور گئی ہوئی تھیں۔ بیکٹ ہاؤس پر لڑکیوں کی عملداری تھی۔ سب سے بڑی عذرا آپا میٹرک کی تیاری کر رہی تھیں۔ حمیرا آپا اور زہرا آپا کو بھی ماسٹر صاحب پڑھانے آتے تھے۔ اچھے بھائی اسکول میں داخل تھے۔ اچھّو اور پارے گھر پر ماسٹر صاحب سے پڑھتے تھے۔ ہمارے تایازاد بھائی امتیاز حیدر کلکتہ سے آئے ہوئے تھے اور ابّا جان وغیرہ کی چچازاد بہن پھوپی اپّی گھر کی دیکھ بھال کرتی تھیں۔

بیکٹ ہاؤس، کمایوں کے ایک مشہور انگریز کی بنوائی ہوئی کوٹھی تھی۔ شام کو عذرا آپا نے مجھ سے کہا، اگر آپ دوپہر کو اچھّو پارے کے ساتھ بیٹھ کر قاعدہ پڑھیں گی تو روز رات کو پری آکر ایک چاکلیٹ آپ کے تکیے کے نیچے رکھ جایا کرے گی۔ اچھّو پارے جب اچھے اچھے کام کرتے ہیں تو وہ انھیں بھی انعام دیتی ہے۔

صبح کو چاکلیٹ میرے تکیے کے نیچے موجود تھی۔ سہ پہر کو ماسٹر صاحبان کے جانے کے بعد ان کے شاگردانِ رشید درخت پر چڑھ کر مطالعہ کرتے۔

اکثر دوپہر کو امتیاز بھائی دوسرے برآمدے میں گراموفون بجاتے اور بڑے انہماک سے ایک ریکارڈ سنا کرتے۔

بلبلِ ناشاد نے کچھ اس طرح فریاد کی روتے روتے ہچکیاں بندھ گئیں صیّاد کی

مہمان نیچے واپس جاتے تو امتیاز بھائی اچھّے بھائی اور پھوپی اپّی کے بیٹے بھائی بہاؤ الدین ایک سرخ پلنگ پوش بانس سے باندھ کر مال کے رخ والے برآمدے کی سیڑھیوں پر کھڑے ہو جاتے۔ مہمانوں کی موٹر یا لاری دور نشیبی راستے پر سے گزرتی دکھائی دیتی اس وقت یہ الوداعی پرچم لہرایا جاتا۔

ایک روز پارے میاں گھاس میں بڑے غور سے کچھ تلاش کر رہے تھے۔ ”کیا چیز ہے؟“ میں نے اشتیاق سے پوچھا۔

''پری کنڈل ڈھونڈ رہے ہیں۔''

''وہ کیا ہوتا ہے؟''

''رات کو جو پری آتی ہے اس کے قدموں کے نشان جس جگہ پڑیں وہاں شبنم نہیں گرتی۔''

''آپ کو کیسے معلوم؟''

''عذرا آپا نے بتلایا ہے۔''

میں بھی فوراً پری کنڈل کی تلاش میں جُٹ گئی۔

فہمیدہ کی چھوٹی بہن زلیخا اتنی چھوٹی تھی کہ اسے محض چھوٹی ہی کہا جاتا تھا۔ یہ دونوں پھوپی اپّی کی لڑکیاں تھیں۔ اس وقت حمّن آپا اور بھائی بہاء الدین چھوٹی کو ایک ٹوکری میں ڈالے برآمدے میں ٹوکری گھسیٹتے پھر رہے تھے۔ دفعتاً بھائی بہاء الدین غائب ہو گئے۔ وہ سہ پہر بھائی بہاء الدین نے اپنے کمرے کے دروازے اندر سے بند کر کے کسی پُراسرار مصروفیت میں گزاری۔

شام کے وقت برآمدے میں انگور کی بیل کے نیچے کارڈ بورڈ کی ننھی سی گاڑی نظر آئی۔ جو سنڈریلا کی بلوریں کوچ کے نمونے پر بڑی کاریگری سے بنائی گئی تھی۔ گاڑی میں دو مینڈک جُتے تھے جو بدمزاجی سے اسے گھسیٹتے ہوئے اِدھر اُدھر پھُدک رہے تھے۔

''جلدی سے اندر آجایئے۔'' عذرا آپا نے آواز دی۔

''کیوں؟ یہ گاڑی کس کی ہے؟''

''پری آئی تھی۔'' جواب ملا۔ ''مگر قاعدہ یہ ہے کہ کسی آدم زاد کو پری کی گاڑی نظر آجائے تو اس میں جُتے ہوئے لال فوراً مینڈک بن جاتے ہیں۔''

''کیا اس وقت بھی وہ گاڑی میں بیٹھی ہے؟'' میں نے دریافت کیا۔

''بالکل قریب ہرگز مت جایئے؟'' اچھّے بھائی نے جواب دیا۔

''پری۔'' پارے میاں ڈپٹ کر للکارے۔

''کیا ہو رہا ہے۔'' اچھوّ نے اندر سے پکارا۔

''آپا اچھوّ۔'' میں اسے بڑے ادب سے باضابطہ آپا اچھوّ کہتی تھی۔ ''پری برآمدے میں بیٹھی ہے۔ اس کی کوچ کے گھوڑے مینڈک بن گئے۔''

''کہاں؟'' اچھوّ پلنگڑی سے اُتر کر دریچے میں آئی۔ فہمیدہ اپنا لمبا فراک پہنے چھوٹے چھوٹے قدم رکھتی اس کے پیچھے پیچھے چلی۔ ہم تینوں نے باہر جھانکا گاڑی غائب ہو چکی تھی۔ بڑے بہن بھائی بھی غائب تھے۔

''گپ۔'' اچھوّ نے غصّے سے کہا اور جا کر اپنی پلنگڑی پر بیٹھ گئی۔ دو روز بعد اسے چلنے پھرنے کی اجازت ملنے والی تھی۔

''ٹنکر ٹیلر سولجر سیلر...'' اچھوّ تاش کے پتّے بانٹنا شروع کرتی۔ ہر پتّے پر مسخری تصویریں بنی تھیں۔ یہ شاید ''ہیپی فیملی کارڈ'' کہلاتے تھے۔ پھر کھیل ادھورا چھوڑ کر اچھوّ اچانک ''اول بھلا بھئی اول بھلا۔ سب میں کدّو گول بھلا'' کا نعرہ لگاتی۔

دنیا کی ہر چیز بہت فرحت بخش تھی۔ بات کا ہر جملہ عموماً اس طرح شروع ہوتا۔ ''افوہ... اتنا مزہ آیا۔''

''کیا ہو رہا ہے۔'' کوئی بڑا پوچھتا۔

''مزے۔''

جب بادل کمرے میں گھس آتے تب بھی ''بڑا مزا'' آتا۔ ''بڑا مزا'' ایک ساتھ اور مشدّد ادا کیا جاتا تھا۔ تا کہ اس کی اہمیت پوری طرح واضح ہو سکے۔

کبھی کبھی رات کو حمّن آپا مجھے گیلری کی دیوار میں نصب ٹیلی فون کے اونچے تختے پر چڑھا کر خود جگنو جمع کرنے باغ میں چلی جاتیں۔ کچھ دیر بعد کھل کھلا کر ہنستی ہوئی واپس آتیں۔ ان کے چُنے ہوئے دوپٹے میں جگنو ٹمٹماتے۔

وہ جگنوؤں کی دنیا تھی۔

ایک شام ماسٹر صاحب کا دیا ہوا سبق یاد نہ کرنے کی وجہ سے اطلاع ملی کہ پری خفا ہو گئی ہے۔ اچھّو، پارے اپنے اپنے سبق فر فر یاد کرنے کے بعد مجھے جلانے کے لیے نوابوں کی طرح آنکھیں بند کیے اپنے بستروں پر لیٹے پاؤں ہلا رہے تھے۔

اچانک اچھّو نے کروٹ بدل کر ایک آنکھ کھولی اور زور سے کہا، ''سلام علیکم پری۔''

پارےؔ نے اس کی تقلید کی۔ ''سلام علیکم پری۔''

پھر اچھّو اچھل کر پلنگ پر اکڑوں بیٹھ گئی اور تکیہ اٹھایا جس کے نیچے ٹافی کا پورا ڈبّہ موجود تھا۔

میں نے فوراً اپنے تکیے کے نیچے دیکھا وہاں کچھ نہ تھا۔ میں نے بڑے دکھ سے رونا شروع کر دیا۔ پھر جلدی سے آنسو پونچھ کر اچھّو سے دریافت کیا۔ ''کیسی تھی پری؟''

''بہت خوبصورت۔''

''کیا پہنے تھی؟''

''ساری۔''

''ساری میں اُڑتی کیسے ہو گی؟''

''پُر جو ہیں۔''

''ٹافی ہمیں بھی دیجیے آپا اچھّو۔''

''آپا نے منع کیا ہے۔ آپ نے پہاڑا یاد نہیں کیا۔ پارےؔ میاں تو پورا شکوہؔ حفظ کر رہے ہیں۔''

پارےؔ میاں فوراً اپنے پلنگ پر کود کر گرجے۔ ''اور جناب... وہ شمع اجالا جس نے کیا۔''

دروازے میں سے پھوپی امّی نے جھانکا۔ ''شُو... شُو... رات ہو گئی۔ سو جاؤ۔''

ہم تینوں پھر اپنے لحافوں میں گھُس گئے۔ آتش دان کے شعلوں میں طرح طرح کی شکلیں بنا کیں۔ چند منٹ بعد اچھّو نے چُپکے سے آواز دی۔ ''ہم بہترین خرگوش بنا رہے ہیں۔'' اس نے

ہاتھوں کی پرچھائیں سے دیوار پر خرگوش بنایا۔

''اب بطخ... اب کتّا...'' پارے میاں نے اطلاع دی۔ میں بھی بڑی سرگرمی سے اُٹھ بیٹھی اور اس اہم کام میں مصروف ہوگئی۔

صبح کو پارے میاں نے مطلع کیا۔ ''آج سینما دکھایا جائے گا۔''

''وہ کیسا ہوتا ہے؟'' میں نے استفسار کیا۔ ''آپ نے دیکھا ہے آپا اچھّو؟''

''جناب۔'' اچھّو نے رعب ڈالا۔

رات کو کھانے کی میز پر سے یک بیک اٹھ کر پارے میاں ڈرائینگ روم کی سمت بھاگے جہاں چچا جان کے ایک دوست پروجیکٹر لگانے میں مشغول تھے۔ پھر پردے گرا کر روشنیاں بجھائی گئیں اور انگریزوں کی تصویریں دیوار پر اُچھلنے کودنے لگیں۔ سب نے پورک پائی ہیٹ لگا رکھے تھے۔ اور اِدھر اُدھر پھُدکتے پھر رہے تھے۔ ایک کھلے دریچے میں سے چاند جھانکنے لگا۔ باہر پہاڑوں پر بڑا سناٹا طاری تھا۔

رات کو چاند بہت بڑا اور بہت پیلا اور بہت سرد معلوم ہوتا تھا۔ رات، ہمالیہ کی چوٹی پر بیٹھی بوڑھی جوگن، برف کے ٹکڑوں جیسے تاروں کی مالا جپتی تھی اور دور جاگیشوؔر کے قدیم تاریک مندروں میں دیے ٹمٹماتے تھے۔ پہاڑیاں جادو کی جڑی بوٹیوں سے مہکا کرتی تھیں۔ اس خنک، خوشگوار، شانت دنیا میں صرف پھولوں، تروتازہ پھلوں، پریوں اور انسانوں کی طرح باتیں کرنے والے جانوروں کی عملداری تھی۔ رات کو ''چور چور'' کھیلتے ہوئے اچھّو گھاس کے لمبے ڈنٹھل کی تلوار مجھے دے کر کسی دریچے میں کھڑا کر دیتی۔ باہر اندھیرے میں چور سرخ زبانیں نکالے کھڑے تھے اور سُرخ پنکھڑیوں والے پھول چوروں کی زبانیں تھیں۔ بچوں کا تخیل اچھوتا، خوبصورت اور انوکھا ہوتا ہے۔ مگر ہمارے لیے یہ ہمارا تخیل تھوڑا ہی تھا۔ حقیقت تھی۔

ایک روز ہنس مکھ اور شگفتہ مزاج چچا جان نے کچہری سے واپس آکر امّاں سے کہا۔

''شاہجہان پور سے بھائی جان نے اطلاع بھجوائی ہے، ان کا تبادلہ اٹاوہ ہو گیا آج کل میں خط بھی آتا ہو گا۔''

جب ہم لوگ دہرہ دون روانہ ہوئے اور ہماری لاری بل کھاتے راستوں سے اترتی نشیب کی طرف جا رہی تھی، اس وقت دور چیڑھ کے درختوں سے ڈھکی ایک پہاڑی پر سُرخ پلنگ پوش کا ''پرچم'' لہرایا جا رہا تھا۔ پھر وہ پرچم رفتہ رفتہ ایک نقطے میں تبدیل ہو کر آنکھوں سے اوجھل ہو گیا۔

بیکٹ ہاؤس میں اب اتر پردیش کی نیشنل کیڈٹ کور کے ہیڈ کوارٹرز ہیں۔ اس کے برآمدے جالی سے ڈھک دیے گئے ہیں۔ سامنے جیپ گاڑیاں کھڑی رہتی ہیں۔ برساتی اور پچھلا حصّہ شکستہ ہو گیا ہے۔ پچھلی پہاڑی پر فوجی جوان نہانے دھونے میں مصروف رہتے ہیں۔ لیکن آپ یقین فرمائیے کہ اس بے رنگ و بو دنیا میں ایک زمانہ ایسا بھی گزرا ہے جب جگنوؤں کی روشنی میں اس کوٹھی کے اندر پری آیا کرتی تھی جس کی گاڑی میں مینڈک جُتے تھے اور رات کو چور زبانیں نکال کر پھولوں کی جھاڑیوں کی صورت میں کھڑے رہتے تھے۔

اور جاننا چاہیے کہ بچپن کی معصومیت جگنو کی روشنی کی مانند ٹمٹما کر اس طرح غائب ہو جاتی ہے جیسے وہ زمانہ کبھی تھا ہی نہیں۔

لیکن وہ بچے انگوروں کی بیل میں چھپی اس کوٹھی میں شاید اسی طرح موجود قہقہے لگا رہے ہیں۔

کیوں کہ وقت ایک ایسی لوحِ محفوظ ہے جس پر وقت کا کوئی اثر نہیں۔

■■

قاضی عبدالستار

قاضی عبدالستار سیتاپور (یوپی) کے ایک زمیں دار گھرانے میں ۱۹۳۳ء میں پیدا ہوئے۔ لکھنؤ یونی ورسٹی سے بی.اے. اور ایم.اے. امتیازی درجے میں پاس کیا اور گولڈ میڈل حاصل کیا۔ ۱۹۵۷ء میں علی گڑھ مسلم یونی ورسٹی میں اردو کے استاد کی حیثیت سے تقرر ہوا۔ ۱۹۹۱ء میں پروفیسر کی حیثیت سے سبکدوش ہوئے۔ انھیں متعدد انعامات و اعزازات سے نوازا گیا جن میں سے چند قابل ذکر ایوارڈ ہیں: غالب ایوارڈ ۱۹۷۳ء، پدم شری ۱۹۷۴ء، امتیازِ میر ۱۹۸۰ء، (پہلا) نشانِ سر سید ایوارڈ ۱۹۹۶ء۔

قاضی عبدالستار اردو کے ایک معتبر ناول نویس اور افسانہ نگار تسلیم کیے جاتے ہیں۔ دس ناولوں اور تین درجن افسانوں کے خالق ہیں۔ انھوں نے تاریخی ناول بھی لکھے ہیں جن میں 'داراشکوہ'، 'صلاح الدین ایوبی'، 'خالد بن ولید' وغیرہ کو مقبولیت حاصل ہوئی ہے۔ ان کے دیگر ناولوں میں 'شب گزیدہ' اور 'غالب' کو خاصی شہرت ملی۔ افسانوی مجموعوں میں 'شکست کی آواز'، 'مجو بھیا'، 'پیتل کا گھنٹہ' مشہور ہوئے۔ 'اردو شاعری میں قنوطیت' اور 'جمالیات اور ہندستانی جمالیات' کے

نام سے دو تنقیدی کتابیں بھی قلم بند کی ہیں۔

قاضی عبدالستار اردو فکشن میں ایک اہم اور منفرد ناول نگار کی حیثیت سے پہچانے جاتے ہیں۔انھوں نے اپنے ناولوں میں اودھ کے قدیم جاگیر دارانہ ماحول کی نہایت کامیاب عکاسی کی ہے۔قاضی عبدالستار کا اسلوب اور ان کے ناولوں کی زبان بہت اہم ہے۔وہ ایک ایک لفظ کا انتخاب بہت سوچ سمجھ کر کرتے ہیں اور اکثر نثر میں شعری وسائل سے بھی کام لیتے ہیں۔جس کے باعث ان کی نثر بہت دلکش ہو جاتی ہے۔ہمارے عہد میں قاضی عبدالستار ان چند فکشن نگاروں میں سے ہیں جو اپنے اسلوب کی دلکشی اور زبان کی شگفتگی کی وجہ سے پہچانے جاتے ہیں۔

شب گزیدہ

شیش محل کے دروازے میں قدم رکھتے ہی اس پر خوف طاری ہوا جو سعید لڑکوں پر کسی غلطی کا احساس مسلط کر دیتا ہے۔ وہ ابھی اپنے حواس مجتمع کرنے کی کوشش کر رہا تھا کہ مستان نے لپک کر چق اٹھا دی۔ وہ سانس روکے ہوئے فرش کی بھاری قالین کو روندتا ہوا اس تخت کے پاس جا کر کھڑا ہو گیا جس پر سنہرے کام کی مسند لگی تھی اور جس کی دیوار پر شیر کی کھال لٹکی ہوئی تھی اور اس کھال کے دونوں طرف مرصّع قبضوں کی تلواریں اور چاندی کے پھولوں سے جڑی ہوئی ڈھالیں ٹنگی ہوئی تھیں۔ ابّو مسند پر گاؤ کا سہارا لیے پہلو کے ایک تکیہ پر کہنی گاڑے شانوں پر الوان ڈالے پڑے تھے۔ کچھ کاغذات ان کے سامنے بکھرے ہوئے تھے۔

''بیٹھو!''

جمی دھڑکتے دل سے ایک کونے پر ٹک گیا۔

''آج حاکمِ تحصیل درانی سے معلوم ہوا کہ تم سیتا پور کے کسی بنیے سے اس کا موٹر طے کر آئے ہو؟''

''جی ہاں! میں نے ہنگامے کی وجہ سے ذکر نہ کیا تھا۔ سوچا تھا کہ محرم کے بعد عرض کروں گا۔''

''تمھیں مجھ سے عرض کرنا ہوتا تو موٹر کا سودا کرنے سے پہلے عرض کرتے۔''

''مجھے یقین تھا کہ آپ ناپسند نہ کریں گے۔''

''کیوں؟''

''اس لیے کہ آپ کو موٹر کی ضرورت رہتی ہے۔ آپ سیتا پور پالکی یا فٹن پر جاتے ہیں۔ اس طرح تکلیف بھی ہوتی ہے اور وقت بھی زیادہ صرف ہوتا ہے۔''

''ہوں! موٹر چلے گا کہاں؟''

''سڑک پر بھی کنکر پڑ رہے ہیں اور نہر و روڈ بھی استعمال کی جا سکتی ہے۔''

''قیمت کیا ہے؟''

''بارہ ہزار۔''

''تم کو یقین ہے کہ اتنی رقم پھونکنے کے بعد تم کوئی معقول کام کر سکتے ہو؟''

''ابّو! میں اس مسئلے پر آپ سے تفصیلی بات کرنا چاہتا تھا مگر موقع نہ مل سکا۔ اگر اجازت ہو تو...''

''کہو۔''

''میں نے ریاست کے کاغذات دیکھے تو پتہ چلا کہ مجموعی طور پر آپ کو پچاس ہزار سے زیادہ آمدنی کبھی نہ ہوئی۔ آپ کی بازاریں جن میں جانوروں کی بازاریں بھی شامل ہیں، کبھی دس ہزار سے زیادہ میں نیلام نہ ہوئیں۔ آپ کے جنگلات بھی دس ہزار کے اندر ہی اندر بکے۔ صرف اس سال میں نے نگرانی کی ہے تو کوئی تیس ہزار کا اضافہ ہوا ہے۔ ابھی یہ میرے منصوبے کا صرف ایک حصہ ہے۔ میرا خیال ہے کہ میں ''سیروں'' پر محنت کر کے اور اضافہ

کر سکوں گا۔"

"صاحبزادے! یہ تیس ہزار کا اضافہ منافع نہیں ہے۔ میرے پاس ریاست ہے، بنیے کی دکان نہیں ہے اور ریاست کی آمدنی فصل پر آتی ہے، بازار کے اتار چڑھاؤ پر نہیں۔ خیر اس قصے کو تو ماریے گولی، اپنا منصوبہ بتلائیے۔"

اور جمی کا بند ٹوٹ گیا۔ وہ پہاڑی ندی کی طرح ابلنے لگا۔

"آپ کے پاس تین ہاتھی ہیں۔ ان کا شکار کے علاوہ کوئی مصرف نہیں اور بڑا شکار یہاں ناپید ہے۔ اس لیے میرا خیال ہے کہ ایک ہاتھی شوق کے لیے کافی ہے۔ گھوڑے بارہ ہیں۔ آپ گھوڑے پر سوار نہیں ہوتے، اس لیے صرف دو گھوڑے کافی ہوں گے۔ بیس جوڑ بیل ہیں اور جام نگر میں سیر (فارم) نہیں ہے اس لیے میرا ارادہ ہے کہ چار جوڑ رکھ کر باقی نکال دیے جائیں۔ اس لیے کہ تقریباً تیس بتیس ملازموں کے مصارف کے علاوہ وہ منوں غلہ جو روزانہ راتب میں صرف ہوتا ہے، محفوظ ہو جائے گا۔ گھر کے اندر بیس بائیس عورتیں ہیں، انھیں ہٹا کر باورچی رکھ لیے جائیں تو کام زیادہ خوش اسلوبی سے انجام دیا جا سکتا ہے۔"

"یہ عورتیں گھر میں کھانا ہی نہیں پکاتیں، بلکہ ہزاروں من اناج کی نگہداشت بھی کرتی ہیں، آپ شاید بھول گئے۔"

"جی! غلے کا معاملہ تو یہ ہے کہ وہ ضرورت سے زیادہ گھر میں رکھا ہی نہ جائے۔ کھلیان سے بنیوں کو تول دیا جائے۔ آدمیوں پر بے جا مصارف کے علاوہ سیکڑوں من اناج چوری اور سڑ کر برباد ہونے سے بچ جائے گا۔ باہر دسترخوان پر روزانہ پچاس ساٹھ آدمی ہڈیاں نوچتے ہیں۔ اس تعداد کو گھٹا کر کم کیا جا سکتا ہے۔"

"ہاں گڑھی کے اندر جو سبز گھاس کے تختے ہیں انھیں چھیل کر بیچ دیا جائے اور زمین پر گندم بو دیا جائے تا کہ آمدنی میں اضافہ ہو۔ میرے لیے جو پرندے پکتے ہیں انھیں بند کر دیا جائے اور گلیوں سے کتے پکڑ کر ذبح کرا دیے جائیں لیکن انھیں پکڑنے کون جائے؟ میں پکڑ

لاؤں اور پکڑ کر کھالوں۔ اور یہ درختوں کو پانی دینے کے لیے جو ملازم ہیں، انھیں برخاست کر دیا جائے اور میرے کندھے پر بہنگی رکھ دی جائے۔ میں راج تال سے پانی لاؤں اور ان کو سینچوں تاکہ آمدنی میں اضافہ ہو۔ میرے بکسوں میں جو کپڑے بھرے ہیں، ان کو گدڑی بازار میں نیلام کر دیا جائے۔ روپیہ بینک میں جمع کر دیا جائے اور میرے لیے ''پرمٹے'' کی وردی سلا دی جائے تاکہ آمدنی میں اضافہ ہو۔ جو سونے چاندی کا سامان ہے اسے گلوا کر رکھ لیا جائے اور منگو کمھار کے یہاں سے ایک رکابی، ایک پیالی اور ایک بندھنا لا کر رکھ دیا جائے تاکہ آمدنی میں اضافہ ہو۔ اچھا یہ تو ہو گیا۔ اب یہ فرمائیے کہ جو انگلش فرنیچر مارٹ سے خط آیا ہے جناب کے نام اس کا کیا قصہ ہے؟''

''جی... میرے یہاں فرنیچر ہے ہی نہیں۔ یہ جو تھوڑی سی کرسیاں اور صوفے وغیرہ پڑے ہیں، یہ سب دقیانوسی بھی ہیں اور تکلیف دہ بھی، اس لیے میں نے نئے ڈیزائن کا فرنیچر منگوایا ہے۔ چینی کے برتن کے کئی بکس ہیں لیکن سب بے جوڑ اور بدوضع۔ چائے کا ایک سیٹ بھی ایسا نہیں ہے جس میں کسی معزز آدمی کو چائے پلائی جائے۔''

''میں خدانخواستہ نودولتا ہوں نہیں کہ میرے گھر میں دفتروں کی طرح آم کی لکڑی کا چھوٹا چھوٹا منّا منّا دیوالی کے بھرکوں کی طرح رنگا چنگا سامان پڑا ہو اور نہ میرا گھر ہوٹل ہے کہ اگر ایک طشتری ٹوٹ گئی تو سیٹ بیکار ہو گیا اور نہ چائے کے برتن خدانخواستہ میری تقدیر ہیں کہ میں کسی کو چائے پلاؤں تو چائے پلانے کے فوراً بعد تسلہ اور تولیہ لے کر بیٹھ جاؤں۔ اپنے ہاتھ سے صاف کروں اور بکس میں رکھ کر سرہانے دھر لوں کہ اگر خدانخواستہ قرآن درمیان، میرے منہ میں خاک، یہ برتن ٹوٹ گئے تو مجھے میسر نہ آئیں گے۔ میرے یہاں منوں نہیں تو سیروں چاندی کے برتن ہیں۔''

''جی نہیں۔ میرا مطلب یہ تھا کہ میرے یہاں آج کل کے رواج کے مطابق برتن نہیں ہیں۔''

''خیر تو ایک موٹر رکھنے کے لیے آپ یہ سارے انتظامات فرما رہے ہیں۔آپ ابھی صاحبزادے ہیں۔آپ نے ابھی دیکھا ہی کیا ہے؟ آپ کو شاید علم نہیں کہ ایک ہاتھی رکھنا، دو موٹروں کے رکھنے سے زیادہ دشوار ہوتا ہے۔موٹر پر اس وقت صرف ہوتا ہے جب وہ استعمال ہوتا ہے۔ڈرائیور کا حال یہ ہے کہ میں نے بڑے بڑے افسروں کو اپنے ہاتھ سے موٹر ہانکتے دیکھا ہے۔ایک ہاتھی دس سیر راتب کھائے گا، دو چپر کٹے ہوں گے، ایک فیلبان ہوگا، تو جو شان ہاتھی رکھنے میں ہے، موٹر رکھنے میں نہیں۔ جو چاندی کا اگالدان سامنے پڑا ہے، اس میں کھانے اور چائے کے بہت نفیس سیٹ آسکتے ہیں۔یہ جو کرسی پڑی ہے، بدوضع اور دقیانوسی بقول آپ کے، اس ایک کرسی میں دفتروں والے گھٹیا فرنیچر سے کمرہ بھرا جاسکتا ہے۔رہی فیشن کی بات تو یہ اس طبقے کی ایجاد ہے جسے امارت میسر نہیں اور جو غربا کی زندگی اور اپنی زندگی میں تفریق بھی دیکھنا چاہتا ہے، اس لیے اپنے دیوالیے پن پر پردے ڈالنے کے لیے نئے نئے ڈھکوسلے ایجاد کیا کرتا ہے۔آپ موٹر بھی رکھیے، فرنیچر بھی خرید لیجیے، آج کل کی مٹیا چینی سے دو چار الماریاں بھی بھر لیجیے لیکن اپنے دماغ سے یہ خنّاس نکال دیجیے کہ مصارف اِس طرح کم ہو سکتے ہیں، مصارف اُس طرح کم ہو سکتے ہیں۔مصارف انھیں کے ہوتے ہیں جن کو خدا مصارف کے لائق بناتا ہے۔بدھو، خیراتی کے یہاں مصارف نہیں ہوتے۔''

''ابّو! یہ بات میں نے اس لیے گوش گذار کی تھی کہ آئے دن اخباروں میں یہ آتا رہتا ہے کہ ہندستان آزاد ہونے والا ہے اور ہندستان آزاد ہونے کے بعد کانگریسی حکومت جو کام سب سے پہلے کرے گی وہ یہ کرے گی کہ زمینداری ختم کرے گی۔''

''کیا؟''

ابوا تنے زور سے گرجے کہ جمی پریشان ہوگیا۔

''میری زمینداری چٹائی ہے، دری ہے، جاجم ہے؟ آخر کیا ہے؟ زمینداری ختم ہو جائے گی اور ہم تماشہ دیکھا کریں گے؟''

”میں کہہ رہا تھا۔“

”تو جھک مار رہا تھا۔ بدمعاش! دور ہو جا میری نظروں کے سامنے سے۔“

■■

مشتاق احمد یوسفی

مشتاق احمد یوسفی کی ولادت ۴/اگست ۱۹۲۳ء کو ہوئی۔موجودہ دور کے مزاح نگاروں میں مشتاق احمد یوسفی کے مضامین وسعتِ فکر، معلومات اور طنز و مزاح سے مزّین اور دل کش اندازِ بیان کی وجہ سے اپنی مثال آپ ہیں۔اپنی کتاب ''چراغ تلے'' کے مقدمے میں وہ خود یوں رقم طراز ہیں:

''میں اتنا جانتا ہوں کہ اپنی چاک دامنی پر جب اور جہاں ہنسنے کو جی چاہا ہنس دیا۔اور اب اگر آپ کو بھی اس ہنسی میں شامل کر لیا تو میں اس کو اپنی خوش قسمتی تصور کروں گا۔''

یوسفی کا یہی عمل ان کے مضامین میں شدّت کے ساتھ کارفرما ہے۔وہ اپنے قہقہے کچھ اس انداز سے بکھیرتے ہیں کہ قاری بڑی بے تکلّفی اور یگانگت کے ساتھ اُن میں شریک ہو جاتا ہے اور اُن کی تحریروں سے سرور و انبساط حاصل کرتا ہے۔

مشتاق احمد یوسفی نے اردو کے مزاحیہ ادب کو ایک نیا ذائقہ عطا کیا اور یہ ذائقہ روزمرّہ اور

عام بول چال میں ادبی زبان کی چاشنی سے عبارت ہے۔

یوسفی کے مزاح کی شگفتگی ان کی تحریروں میں رچی ہوئی ہے۔وہ لہجے کے اتار چڑھاؤ اور نزاکتوں سے واقف ہیں۔ یوسفی کی تحریریں فکروفن کی ایسی مثالیں ہیں جن پر جدید نثر بجا طور پر فخر کرسکتی ہے۔ یوسفی کے طنزیہ و مزاحیہ مضامین کے مجموعے'چراغ تلے'اور'خاکم بدہن' بہت مشہور ہوئے۔اُن کی خودنوشت پر مبنی کتابیں'زرگزشت'اور'آبِ گم' بھی ادب میں اہم اضافے کی حیثیت رکھتی ہیں۔

یوسفی کو پاکستان کے اہم ادبی انعامات'ستارۂ امتیاز''ہلالِ امتیاز''قائدِ اعظم میموریل میڈل' وغیرہ تفویض کیے جاچکے ہیں۔

پڑیے گر بیمار...

پڑیے گر بیمار تو کوئی نہ ہو تیمار دار؟ جی نہیں! بھلا کوئی تیمار دار نہ ہو تو بیمار ہونے سے فائدہ؟ اور اگر مر جائیے تو نوحہ خواں کوئی نہ ہو؟ توبہ کیجیے! مرنے کا یہ اَکل کھرا دقیانوسی انداز مجھے کبھی پسند نہ آیا۔ ہوسکتا ہے غالبؔ کے طرف دار یہ کہیں کہ مغرب کو محض جینے کا قرینہ آتا ہے، مرنے کا سلیقہ نہیں آتا۔ اور سچ پوچھیے تو مرنے کا سلیقہ کچھ مشرق ہی کا حصّہ ہے۔ اسی بنا پر غالبؔ کی نفاست پسند طبیعت نے ۱۲۷۷ھ میں وبائے عام میں مرنا اپنے لائق نہ سمجھا کہ اس میں ان کی کسرِ شان تھی۔ حالانکہ اپنی پیشن گوئی کو صحیح ثابت کرنے کی غرض سے وہ اسی سال مرنے کے آرزومند تھے۔

اس میں شک نہیں کہ ہمارے ہاں باعزت طریقے سے مرنا ایک حادثہ نہیں، ہُنر ہے جس کے لیے عمر بھر ریاض کرنا پڑتا ہے۔ اور اللہ اگر توفیق نہ دے تو یہ ہر ایک کے بس کا روگ بھی نہیں۔ بالخصوص پیشہ ور سیاست داں اس کے فنّی آداب سے واقف نہیں ہوتے۔ بہت کم لیڈر ایسے گزرے ہیں جنھیں صحیح وقت پر مرنے کی سعادت نصیب ہوئی۔ میرا خیال ہے کہ ہر لیڈر کی

زندگی میں، خواہ وہ کتنا ہی گیا گزرا کیوں نہ ہو، ایک وقت ضرور آتا ہے جب وہ جی کڑا کر کے مرجائے یا اپنے سیاسی دشمنوں کو رشوت دے کر اپنے آپ شہید کو کرالے تو وہ لوگ سال کے سال نہ سہی، ہر الیکشن پر ضرور دھوم دھام سے اس کا عرس منایا کریں۔ البتہ دقّت یہ ہے کہ اس قسم کی سعادت دوسرے کے زورِ بازو پر منحصر ہے اور سعدی کہہ گئے ہیں کہ دوسرے کے بل بوتے پر جنت میں جانا عقوبتِ دوزخ کے برابر ہے۔ پھر اس کا کیا علاج کہ انسان کو موت ہمیشہ قبل از وقت اور شادی بعد از وقت معلوم ہوتی ہے۔

بات کہاں سے کہاں جا پہنچی۔ ورنہ سرِ دست مجھے ان خوش نصیب جواں مرگوں سے سروکار نہیں جو جینے کے قرینے اور مرنے کے آداب سے واقف ہیں۔ میرا تعلق تو اس مظلوم اکثریت سے ہے جس کو بقول شاعر ع

جینے کی ادا یاد، نہ مرنے کی ادا یاد

چنانچہ اس وقت میں اس بے زبان طبقے کی ترجمانی کرنا چاہتا ہوں جو اس درمیانی کیفیت سے گزر رہا ہے جو موت اور زندگی دونوں سے زیادہ تکلیف دہ اور صبر آزما ہے۔ یعنی بیماری! میرا اشارہ اُس طبقے کی طرف ہے جسے ع

سب کچھ اللہ نے دے رکھا ہے صحت کے سوا

میں اس جسمانی تکلیف سے بالکل نہیں گھبراتا جو لازمۂ علالت ہے۔ اسپرین کی صرف ایک خوراک یا مارفیا کا ایک انجکشن اس سے نجات دلانے کے لیے کافی ہے لیکن اِس روحانی اذیت کا کوئی علاج نہیں جو عیادت کرنے والوں سے مسلسل پہنچتی رہتی ہے۔ ایک دائم المرض کی حیثیت سے جو اس دردِ لادوا کی لذّت سے آشنا ہے، میں اس نتیجے پر پہنچا ہوں کہ مارفیا کے انجکشن مریض کے بجائے مزاج پُرسی کرنے والوں کے لگائے جائیں تو مریض کو بہت جلد سکون آجائے۔

اُردو شاعروں کے بیان کو باور کیا جائے تو پچھلے زمانے میں علالت کی غایت ''تقریب بہرِ ملاقات'' کے سوا کچھ نہ تھی۔ محبوب عیادت کے بہانے غیر کے گھر جاتا تھا۔ اور ہر سمجھ دار آدمی اسی

امید میں بیمار پڑتا تھا کہ شاید کوئی بھولا بھٹکا مزاج پُرسی کو آنکلے۔ ع

علالت بے عیادت جلوہ پیدا کر نہیں سکتی

اس زمانے کے اندازِ عیادت میں کوئی دل نوازی ہو تو ہو۔ میں تو اُن لوگوں میں سے ہوں جو محض عیادت کے خوف سے تندرست رہنا چاہتے ہیں۔ ایک حسّاس دائم المرض کے لیے ''مزاج اچھا ہے؟'' ایک رسمی یا دعائیہ جملہ نہیں بلکہ ذاتی حملہ ہے جو ہر بار اُسے احساسِ کمتری میں مبتلا کر دیتا ہے۔ میں تو آئے دن کی پُرسشِ حال سے اس قدر بے زار ہو چکا ہوں، مجھے حسبِ معمول بیمار ہی سمجھیں اور مزاج پرسی کر کے شرمندہ ہونے کا موقع نہ دیں۔

سنا ہے کہ شائستہ آدمی کی پہچان یہ ہے کہ اگر آپ اس سے کہیں کہ مجھے فلاں بیماری ہے تو وہ کوئی آزمودہ دوا نہ بتائے۔ شائستگی کا یہ سخت معیار صحیح تسلیم کر لیا جائے تو ہمارے ملک میں سوائے ڈاکٹروں کے کوئی اللہ کا بندہ شائستہ کہلانے کا مستحق نہ نکلے۔ یقین نہ آئے تو کسی سے جھوٹ موٹ کہہ دیجیے کہ مجھے زکام ہو گیا ہے۔ پھر دیکھیے۔ کیسے کیسے مجرّب نسخے، خاندانی چٹکلے اور فقیری ٹوٹکے آپ کو بتائے جاتے ہیں۔ میں آج تک یہ فیصلہ نہ کر سکا کہ اس کی اصل وجہ طبّی معلومات کی زیادتی ہے یا مذاقِ سلیم کی کمی۔ بہر حال بیمار کو مشورہ دینا ہر تندرست آدمی اپنا خوش گوار فرض سمجھتا ہے۔ اور انصاف کی بات یہ ہے کہ ہمارے ہاں ننانوے فی صدی لوگ ایک دوسرے کو مشورے کے علاوہ اور دے بھی کیا سکتے ہیں؟

بعض اوقات احباب اس بات سے بہت آزردہ ہوتے ہیں کہ میں اُن کے مشوروں پر عمل نہیں کرتا۔ حالانکہ ان پر عمل پیرا نہ ہونے کا واحد سبب یہ ہے کہ میں نہیں چاہتا کہ میرا خون کسی عزیز دوست کی گردن پر ہو۔ اس وقت میرا منشا اصلاح و مشورے کے نقصانات گنوانا نہیں (اس لیے کہ میں دماغی صحت کے لیے یہ ضروری سمجھتا ہوں کہ انسان کو پابندی سے صحیح غذا اور غلط مشورہ ملتا رہے۔ اسی سے ذہنی توازن قائم رہتا ہے) نہ یہاں ستم ہائے عزیزاں کا شکوہ مقصود ہے۔ مُدّعا صرف اپنے ان بہی خواہوں کو متعارف کرانا ہے جو میرے مزمن امراض کے اسباب و علل

پر غور کرتے اور اپنے مشورے سے وقتاً فوقتاً مجھے مستفید فرماتے رہتے ہیں۔ اگر اس غول میں آپ کو کچھ جانی پہچانی صورتیں نظر آئیں تو میری خستگی کی داد دینے کی کوشش نہ کیجیے۔ آپ خود لایق ہمدردی ہیں۔

سرِفہرست ان مزاج پُرسی کرنے والوں کے نام ہیں جو مرض تشخیص کرتے ہیں نہ دوا تجویز کرتے ہیں۔ مگر اس کا یہ مطلب نہیں کہ وہ منکسر مزاج ہیں۔ دراصل اُن کا تعلق اس مدرسۂ فکر سے ہے جس کے نزدیک پرہیز علاج سے بہتر ہے۔ یہ اس شکم آزاد عقیدے کے مبلّغ و مویّد ہیں کہ کھانا جتنا پھیکا سیٹھا ہوگا صحت کے لیے اتنا ہی مفید ہوگا۔ یہاں یہ بتانا بے محل نہ ہوگا کہ ہمارے ملک میں دواؤں کے خواص دریافت کرنے کا بھی یہی معیار ہے۔ جس طرح بعض خوش اُعتقاد لوگوں کا ابھی تک یہ خیال ہے کہ ہر بدصورت عورت نیک چلن ہوتی ہے، اسی طرح طبّ قدیم میں ہر کڑوی چیز کو مصفّی خون تصور کیا جاتا ہے۔ چنانچہ ہمارے ہاں انگریزی کھانے اور کڑوے قدحے اسی امید میں نوش کیے جاتے ہیں۔

اس قبیل کے ہمدردانِ صحت دو گروہوں میں بٹ جاتے ہیں۔ ایک وہ غذا رسیدہ بزرگ جو کھانے سے علاج کرتے ہیں۔ دوسرے وہ جو علاج اور کھانے دونوں سے پرہیز فرماتے ہیں۔ پچھلی گرمیوں کا واقعہ ہے کہ میری بائیں آنکھ میں گوہانجنی نکلی تو ایک نیم جان جو خود کو پورا حکیم سمجھتے ہیں، چھوٹتے ہی بولے:

”فم معدہ پر ورم معلوم ہوتا ہے۔ دونوں وقت مونگ کی دال کھائیے۔ دافع نفخ و محلّل ورم ہے۔“

میں نے پوچھا ”آخر آپ کو میری ذات سے کون سی تکلیف پہنچی جو یہ مشورہ دے رہے ہیں؟“

فرمایا: ”کیا مطلب؟“

عرض کیا ”دو چار دن مونگ کی دال کھا لیتا ہوں تو اُردو شاعری سمجھ میں نہیں آتی اور طبیعت بے تحاشا تجارت کی طرف مائل ہوتی ہے۔ اس صورت میں خدانخواستہ تندرست ہو بھی گیا تو جی

کے کیا کروں گا؟''

بولے، ''آپ تجارت کو اتنا حقیر کیوں سمجھتے ہیں؟ انگریز ہندستان میں داخل ہوا تو اس کے ایک ہاتھ میں تلوار اور دوسرے میں ترازو تھی۔''

گزارش کی ''اور جب وہ گیا تو ایک ہاتھ میں یونین جیک تھا اور دوسری آستین خالی لٹک رہی تھی!''

بات انھیں بہت بُری لگی۔ اس لیے مجھے یقین ہوگیا کہ سچ تھی۔ اس کے بعد تعلقات اتنے کشیدہ ہوگئے کہ ہم نے ایک دوسرے کے لطیفوں پر ہنسنا چھوڑ دیا۔ استعارہ وکنایہ برطرف، میرا اپنا عقیدہ تو یہ ہے کہ جب تک آدمی کو خواص کی غذا ملتی رہے اسے غذا کے خواص کے بکھیڑے میں پڑنے کی مطلق ضرورت نہیں۔ سچ پوچھیے تو عمدہ غذا کے بعد کم از کم مجھے تو بڑا انشراح محسوس ہوتا ہے اور بے اختیار جی چاہتا ہے کہ بڑھ کر ہر راہ گیر کو سینے سے لگا لوں۔

دوسرا گروہ قوتِ ارادی سے دوا اور غذا کا کام لینا چاہتا ہے اور جسمانی عوارض کے علاج معالجے سے پہلے دماغ کی اصلاح کرنا ضروری سمجھتا ہے۔ یہ حضرات ابتدائے مرض ہی سے دوا کے بجائے دعا کے قائل ہیں۔ اور ان میں بھاری اکثریت ان سترے بہترے بزرگوں کی ہے جو گھگھیا گھگھیا کر اپنی درازیِ عمر کی دعا مانگتے ہیں اور اسی کو عین عبادت سمجھتے ہیں۔ اس روحانی غذا کے لیے میں فی الحال اپنے آپ کو تیار نہیں پاتا۔ مجھے اس پر قطعاً تعجب نہیں ہوتا کہ ہمارے ملک میں پڑھے لکھے لوگ خونی پیچش کا علاج گنڈے تعویذوں سے کرتے ہیں۔ غصّہ اس بات پر آتا ہے کہ واقعی اچھے ہو جاتے ہیں۔

کچھ ایسے عیادت کرنے والے بھی ہیں جن کے اندازِ پرسش سے ظاہر ہوتا ہے کہ بیماری ایک سنگین جرم ہے اور وہ کسی آسمانی ہدایت کے بموجب اس کی تفتیش پر مامور کیے گئے ہیں۔ پچھلے سال جب انفلوئنزا کی وبا پھیلی اور میں بھی صاحبِ فراش ہوگیا تو ایک ہمسائے جو کبھی پھٹکتے بھی نہ تھے، کمرۂ علالت میں بہ نفسِ نفیس تشریف لا کر رازدارانہ انداز میں کچھ ایسے نجی سوالات

کیے جن کے پوچھنے کا حق میری ناچیز رائے میں بیوی اور منکر نکیر کے علاوہ کسی کو نہیں پہنچتا۔

ایک بزرگوار ہیں جن سے صرف دورانِ علالت میں ملاقات ہوتی ہے اس لیے اکثر ہوتی رہتی ہے۔ موصوف آتے ہی برس پڑتے ہیں اور گرجتے ہوئے رخصت ہوتے ہیں۔ پچھلے ہفتے کا ذکر ہے، ہلہلا کر بخار چڑھ رہا تھا کہ وہ آدھمکے، کپکپا کر کہنے لگے:

''بیماری آزاری میں بھی بڑی غیریت برتتے ہو، برخوردار! دو گھنٹے سے ملیریا میں چپ چاپ مبتلا ہو اور مجھے خبر تک نہ کی۔''

بہتیرا جی چاہا کہ اس دفعہ ان سے پوچھ ہی لوں کہ ''قبلہ کونین! اگر آپ کو بروقت اطلاع کرا دیتا تو آپ میرے ملیریا کا کیا بگاڑ لیتے؟''

ان کی زبان اُس قینچی کی طرح ہے جو چلتی زیادہ ہے اور کاٹتی کم۔

ڈانٹنے کا انداز ایسا ہے جیسے کوئی کودن لڑکا زور زور سے پہاڑے یاد کر رہا ہے۔ مجھے ان کی ڈانٹ پر ذرا غصہ نہیں آتا۔ کیوں کہ اب اس کا مضمون ازبر ہوگیا ہے۔ یوں بھی اس کینڈے کے بزرگوں کی نصیحت میں سے ڈانٹ اور ڈاڑھی کو الگ کر دیا جائے، یا بصورتِ نقضِ امن ڈانٹ میں سے ڈنک نکال دیا جائے تو بقیہ بات (اگر کوئی چیز باقی رہتی ہے) لغو معلوم ہوگی۔

ان کا آنا فرشتۂ موت کا آنا ہے۔ مگر مجھے یقین ہے کہ حضرت عزرائیل علیہ السلام روح قبض کرتے وقت اتنی ڈانٹ ڈپٹ نہیں کرتے ہوں گے۔ زکام انھیں نمونیہ کا پیش خیمہ دکھائی دیتا ہے اور خسرہ میں موتی جھرے کے آثار نظر آتے ہیں۔ ان کی عادت ہے کہ جہاں محض سیٹی سے کام نکل سکتا ہے وہاں بے دھڑک بگل بجا دیتے ہیں۔ مختصر یہ کہ ایک ہی سانس میں خدانخواستہ سے اِنّا لِلّٰہ تک کی تمام منزلیں طے کر لیتے ہیں۔ ان کی منظوم ڈانٹ کی تمہید کچھ اس قسم کی ہوتی ہے:

''میاں! یہ بھی کوئی انداز ہے کہ رئیسوں کی طرح نبض پر ہاتھ دھرے منتظرِ فردا ہو، بے کاری بیماری کا گھر ہے۔ شاعر نے کیا خوب کہا ہے ع بیمار مباش کچھ کیا کر

مصرع کا جواب شعر سے دیتا ہوں:

کمزور مری صحت بھی، کمزور مری بیماری بھی اچھا جو ہوا کچھ کر نہ سکا، بیمار ہوا تو مر نہ سکا

یہ سُن کر وہ بپھر جاتے ہیں اور اپنے سن و سال کی آڑ لے کر کوثر و تسنیم میں دھلی ہوئی زبان میں وہ بے نقط سناتے ہیں کہ زندہ تو درکنار، مردہ بھی ایک دفعہ کفن پھاڑ کر سوال جواب کے لیے اُٹھ بیٹھے۔ تقریر کا لب لباب یہ ہوتا ہے کہ راقم الحروف جان بوجھ کر اپنی تندرستی کے پیچھے ہاتھ دھو کر پڑا ہے۔ انھیں یقین دلاتا ہوں کہ اگر خودکشی میرا منشا ہوتا تو یوں ایڑیاں رگڑ رگڑ کر نہیں جیتا، بلکہ آنکھ بند کر کے ان کی تجویز کردہ دوائیں کھا لیتا۔

آئیے، ایک اور مہربان سے آپ کو ملاؤں۔ ان کی تکنیک قدرے مختلف ہے۔ میری صورت دیکھتے ہی ایسے ہراساں ہوتے ہیں کہ میرا کلیجہ منہ کو آتا ہے۔ اُن کا معمول ہے کہ کمرے میں بغیر کھٹکھٹائے داخل ہوتے ہیں پھر کھُسر پھُسر ہوتی ہے۔ البتہ کبھی کوئی اچٹتا ہوا فقرہ مجھے بھی سنائی دے جاتا ہے۔ مثلاً

''صدقہ دیجیے۔ جمعرات کی رات بھاری ہوتی ہے۔''

''پانی حلق سے اُتر جاتا ہے؟''

''آدمی پہچان لیتے ہیں؟''

یقین جانیے یہ سن کر پانی سر سے گزر جاتا ہے۔ اور میں تو رہا ایک طرف خود تیماردار میری صورت نہیں پہچان سکتے۔

سرگوشیوں کے دوران میں ایک دو دفعہ میں نے خود بقائمی ہوش و حواس عرض کرنا چاہا کہ میں بفضلِ تعالیٰ چاق و چوبند ہوں۔ صرف پے چیدہ دواؤں میں مبتلا ہوں مگر وہ اس مسئلے کو قابل دست اندازی مریض نہیں سمجھتے اور اپنی شہادت کی انگلی ہونٹوں پر رکھ کر مجھے خاموش رہنے کا اشارہ کرتے ہیں۔ میرے اعلانِ صحت اور اُن کی پُر زور تردید سے تیمارداروں کو میری دماغی صحت پر شُبہ ہونے لگتا ہے۔ یوں بھی اگر بخار سوڈگری سے اوپر ہو جائے تو میں ہذیان بکنے

لگتا ہوں جسے بیگم، اقبالِ گناہ اور رشتے دار وصیت سمجھ کر ڈانٹتے ہیں اور بچے ڈانٹ سمجھ کر سہم جاتے ہیں۔ میں ابھی تک فیصلہ نہیں کر سکا کہ یہ حضرت مزاج پُرسی کرنے آتے ہیں یا پُرسا دینے۔ ان کے جانے کے بعد میں واقعی محسوس کرتا ہوں کہ بس اب چل چلاؤ لگ رہا ہے۔ سانس لیتے ہوئے دھڑکا لگا رہتا ہے کہ روایتی ہچکی نہ آجائے۔ ذرا گرمی لگتی ہے تو خیال ہوتا ہے کہ شاید آخری پسینہ ہے اور طبیعت تھوڑی بحال ہوتی ہے تو ہڑبڑا کر اُٹھ بیٹھتا ہوں کہ کہیں سنبھالا نہ ہو۔

لیکن مرزا عبدالودود بیگ کا انداز سب سے نرالا ہے۔ میں نہیں کہہ سکتا کہ انھیں میری دلجوئی مقصود ہوتی ہے یا اس میں ان کے فلسفۂ حیات و ممات کا دخل ہے۔ بیماری کے فضائل ایسے دل نشین پیرائے میں بیان کرتے ہیں کہ صحت یاب ہونے کو دل نہیں چاہتا۔ تندرستی وبال معلوم ہوتی ہے اور غسلِ صحت میں وہ تمام قباحتیں نظر آتی ہیں جن سے غالبؔ کو فکرِ وصال میں دوچار ہونا پڑا۔

گر نہ ہو تو کہاں جائیں، ہو تو کیوں کر ہو

اکثر فرماتے ہیں کہ بیماری جان کا صدقہ ہے۔ عرض کرتا ہوں کہ میرے حق میں تو یہ صدقہ جاریہ ہو کر رہ گئی ہے۔ ارشاد ہوتا ہے خالی بیمار پڑ جانے سے کام نہیں چلتا اس لیے کہ پس ماندہ مما لک میں۔

فیضانِ علالت عام سہی، عرفانِ علالت عام نہیں

ایک دن میں کان کے درد میں تڑپ رہا تھا کہ وہ آنکلے۔ اس افراتفری کے زمانے میں زندہ رہنے کے شدائد اور موت کے فیوض و برکات پر ایسی موثر تقریر کی کہ بے اختیار جی چاہا کہ ان ہی کے قدموں پر پھڑ پھڑا کر اپنی جان جانِ آفریں کے سپرد کر دوں اور انشورنس کمپنی والوں کو روتا دھوتا چھوڑ جاؤں۔ ان کے دیکھے سے میرے تیمارداروں کے منہ کی رہی سہی رونق جاتی رہتی ہے۔ مگر میں سچے دل سے ان کی عزت کرتا ہوں۔ کیوں کہ میرا عقیدہ ہے کہ محض جینے کے لیے کسی فلسفے کی ضرورت نہیں۔ لیکن اپنے فلسفے کی خاطر دوسروں کو جان دینے پر آمادہ

کرنے کے لیے سلیقہ چاہیے۔

چونکہ یہ موقع ذاتی تاثرات کے اظہار کا نہیں اس لیے میں مرزا کے اندازِ عیادت کی طرف لوٹتا ہوں۔ وہ جب تندرستی کو اُم الخبائث اور تمام جرائم کی جڑ قرار دیتے ہیں تو مجھے رہ رہ کر اپنی خوش نصیبی پر رشک آتا ہے۔ اپنے دعوے کے ثبوت میں یہ دلیل ضرور پیش کرتے ہیں کہ جن ترقی یافتہ ممالک میں تندرستی کی وبا عام ہے، وہاں جنسی جرائم کی تعداد روز بروز بڑھ رہی ہے۔ میں کان کے درد سے نڈھال ہونے لگا تو انھوں نے مسئلہ مسائل بیان کر کے میری ڈھارس بندھائی۔

''میاں! ہمّت سے کام لو۔ بڑے بڑے نبیوں پر یہ وقت پڑا ہے۔''

میں درد سے ہلکان ہو چکا تھا۔ ورنہ ہاتھ جوڑ کر عرض کرتا کہ خدا مارے یا چھوڑے میں بغیر دعویٰ نبوت یہ عذاب جھیلنے کے لیے ہرگز تیار نہیں۔ علاوہ ازیں قصص الانبیا میں نے بچپن میں پڑھی تھی اور یہ یاد نہیں آرہا تھا کہ کون سے پیغمبر کان کے درد کے باوجود فرائضِ نبوی انجام دیتے رہے۔

پچھلے جاڑوں کا ذکر ہے۔ میں گرم پانی کی بوتل سے سینک کر رہا تھا کہ ایک بزرگ جو اسّی سال کے پیٹے میں ہیں، خیر و عافیت پوچھنے آئے اور دیر تک قبر و عاقبت کی باتیں کرتے رہے جو میرے تیمارداروں کو ذرا قبل از وقت معلوم ہوئیں۔ آتے ہی بہت سی دعائیں دیں۔ جن کا خلاصہ یہ تھا کہ خدا مجھے ہزاری عمر دے تاکہ میں اپنے اور ان کے فرضی دشمنوں کی چھاتی پر روایتی مونگ دلنے کے لیے زندہ رہوں۔ اس کے بعد جانکنی اور فشارِ گور کا اس قدر مفصّل حال بیان کیا کہ مجھے غریب خانے پر گورِ غریباں کا گمان ہونے لگا۔ عیادت میں عبادت کا ثواب لوٹ چکے تو میری جلتی ہوئی پیشانی پر اپنا ہاتھ رکھا۔ جس میں شفقت کم رعشہ زیادہ تھا۔ اور اپنے بڑے بھائی کو (جن کا انتقال تین ماہ قبل اسی مرض میں ہوا تھا جس میں مَیں مبتلا تھا) یاد کر کے کچھ اس طرح آبدیدہ ہوئے کہ میری بھی ہچکی بندھ گئی۔ میرے لیے جو تین عدد سیب لائے تھے وہ

کھا چکنے کے بعد جب انھیں کچھ قرار آیا تو وہ مشہور تعزیتی شعر پڑھا جس میں اُن غنچوں پر حسرت کا اظہار کیا ہے جو بن کھلے مرجھا گئے۔

میں فطرتاً رقیق القلب واقع ہوا ہوں اور طبیعت میں ایسی باتوں کا سہار بالکل نہیں ہے۔ ان کے جانے کے بعد ''جب لاد چلے بنجارا'' والا موڈ طاری ہو جاتا ہے اور حالت یہ ہوتی ہے کہ ہر پرچھائیں بھوت اور ہر سفید چیز فرشتہ دکھائی دیتی ہے۔ ذرا آنکھ لگتی ہے تو بے ربط خواب دیکھنے لگتا ہوں۔ گویا کوئی ''کومک'' یا با تصویر نفسیاتی افسانہ سامنے کھلا ہوا ہے:

کیا دیکھتا ہوں کہ ڈاکٹر میری لاش پر انجکشن کی پچکاریوں سے لڑ رہے ہیں، اور لہولہان ہو رہے ہیں۔ ادھر کچھ مریض اپنی اپنی نرس کو کلوروفارم سنگھا رہے ہیں۔ ذرا دور ایک لاعلاج مریض اپنے ڈاکٹر کو یٰسین حفظ کرا رہا ہے۔ ہر طرف ساگو دانے اور مونگ کی دال کی کھچڑی کے ڈھیر لگے ہیں۔ آسمان بنفشی ہو رہا ہے اور عناب کے درختوں کی چھاؤں میں نیلوفر کی جھاڑیوں کی اوٹ لے کر بہت سے غلمان ایک مولوی کو غذا بالجبر کے طور پر معجونیں کھلا رہے ہیں۔ تا حدِّ نظر کافور میں بسے ہوئے کفن ہوا میں لہرا رہے ہیں۔ جا بجا لوبان سلگ رہا ہے اور میرا سر سنگِ مرمر کی لوحِ مزار کے نیچے دبا ہوا ہے اور اس کی ٹھنڈک نس نس میں گھسی جا رہی ہے۔ میرے منہ میں سگریٹ اور ڈاکٹر کے منہ میں تھرمامیٹر ہے۔ آنکھ کھلتی ہے تو کیا دیکھتا ہوں کہ سر پر برف کی تھیلی رکھی ہے۔ میرے منہ میں تھرمامیٹر ٹھنسا ہے اور ڈاکٹر کے ہونٹوں میں سگریٹ دبا ہے۔

■■

شفیع مشہدی

شفیع مشہدی ۷ رنومبر ۱۹۳۹ءکو گیا (بہار) میں پیدا ہوئے۔ابتدائی تعلیم گھر پر حاصل کی۔ ہادی ہاشمی اسکول،گیا سے میٹرک پاس کیا۔اس کے بعد گیا کالج سے بی اے کیا۔ ۱۹۶۱ء میں بہار ایڈ منسٹریٹو سروسیز کا امتحان پاس کر کے سرکاری ملازمت میں آئے اور اعلیٰ انتظامی عہدوں پر فائز رہے۔لیکن انھوں نے اپنی علمی و ادبی سرگرمیاں جاری رکھیں۔یہاں تک کہ دفتری مصروفیات کے ساتھ علم و ادب کے لیے بھی وقت نکالتے رہے۔

شفیع مشہدی کا خاندان علمی اور ادبی خاندان تھا۔ان کے بڑے بھائی بدیع مشہدی بھی علم و ادب کا گہرا ذوق رکھتے تھے اور ہندی اور اردو دونوں زبانوں میں لکھتے رہے۔مگر رفتہ رفتہ وہ صرف ہندی کے ہو کر رہ گئے۔شفیع کی رفیقہ حیات ذکیہ سلطانہ (قلمی نام: ذکیہ مشہدی) بھی ایک معروف فکشن نگار ہیں۔

شفیع مشہدی کی افسانہ نگاری کا آغاز ۱۹۶۱ء میں ہوا اور ہندوپاک کے مختلف جرائد میں تواتر کے ساتھ ان کے افسانے شائع ہوئے۔افسانہ نگاری کے علاوہ انھوں نے ڈراما نگاری اور

شاعری بھی کی ہے۔ان کی کل چار کتابیں ،شاخ لہو (افسانوی مجموعہ) سبز پرندوں کا سفر (افسانوی مجموعہ) دوپہر کے بعد (ڈراما) حصارِ جان (شعری مجموعہ) شائع ہوئی ہیں۔

شفیع مشہدی اردو کے اُن فکشن نگاروں میں شمار ہوتے ہیں جنھوں نے اپنے دور کے رجحانات اور رویوں سے اثرات تو قبول کیے تاہم ان کے فن میں میانہ روی کا حامل نظر آتا ہے۔ انھوں نے جدیدیت سے متاثر ہو کر علامتی کہانیاں قلمبند کیں لیکن اس کے ساتھ معنی ومفہوم اور ترسیل پر بھی انھوں نے زور دیا۔

شفیع مشہدی کے مشہور افسانوں میں ''طوطے کا انتظار'' اور ''شام ڈھلے'' ماضی کی بازیافت کے حوالے سے بہت مشہور ہوئے۔ان کا اسلوب علامتی اور استعاراتی ہونے کے ساتھ ساتھ معنی و مفہوم کی پیشکش کے حوالے سے شائستگی کا حامل ہے۔شاعری میں انھوں نے مذہبی اساطیر کو بنیاد بنا کر نظمیں قلمبند کی ہیں۔

دوپہر کے بعد

(ڈرامہ)

کردار

مرزا صاحب	-	ایک سخت گیر اور اصول پرست اعلیٰ افسر
بیگم صاحبہ	-	مرزا صاحب کی بیگم
شرفو	-	مرزا صاحب کا بوڑھا ملازم
سلمیٰ	-	مرزا صاحب کی بیٹی جو کالج میں پڑھتی ہے
مہتا صاحب	-	مرزا صاحب کے دوست جو ریٹائر ہو چکے ہیں
دیگر کردار	-	دفتر کے بڑے بابو، انڈر سکریٹری، چپراسی وغیرہ۔

پس منظر - موجودہ دور کے اعلیٰ افسروں کا طبقہ

پہلا سین

(مرزا صاحب کا مکان، افرادِ خانہ کی آوازیں، ریڈیو کی ہلکی آواز)

بیگم : ارے شرفو! گھڑی دیکھی ہے، ۹ بجنے والے ہیں اور ابھی تک ناشتہ تیار نہیں ہوا۔ صاحب تمھیں ہی کھا جائیں گے۔

شرفو : کا کریں بیگم صاحب۔ پانچ بجے صبح سے اٹھ کر لگے ہوئے ہیں۔ اکیلے کون کون کام کریں۔ کسی کو بیڈ ٹی چاہیے تو کسی کو اسکول جانے کا ٹفن بکس، کسی کو سادی چائے چاہیے تو کسی کو نیبو کی۔ ادھر انگیٹھی الگ میری بڑھیا کی طرح روٹھی ہوئی ہے سسری۔ ہم کا کریں؟ (بڑبڑاتا ہے)

بیگم : ارے کچھ کرو گے بھی یا بڑبڑاتے جاؤ گے۔ کام دھام تو کچھ کرنا نہیں ہے، بس اللہ میاں نے گز بھر کی زبان دے دی ہے۔ ۹ بجنے میں کل ۲۰ منٹ رہ گئے ہیں اور ابھی تک صاحب کا ناشتہ تیار نہیں ہوا۔ ٹھیک ۹ بجے ٹیبل پر بیٹھ جائیں گے، تب تم اپنی تقریر شروع کرنا۔ (پکارتی ہے) سلمیٰ او سلمیٰ...

سلمیٰ : جی امی آئی (دور سے آواز آتی ہے۔ پھر نزدیک آ کر) امی مجھے پکارتی تھیں؟

بیگم : نئی بھائی تمھیں کیوں پکاروں گی؟ پکار تو رہی تھی اپنی قسمت کو۔ ایک پل چین نہیں۔ کچھ باپ کی بھی فکر ہے؟ ابھی آفس جانا ہے۔ ان کے کپڑے ٹھیک کر دیے یا نہیں؟ ٹائی استری ہو کر آ گئی یا نہیں؟ (پھر شرفو سے) ارے شرفو! جوتے پالش ہوئے یا نہیں؟ میرے اللہ! میں کیا کروں؟ اکیلی جان اور صاحب بہادر ہیں کہ ہر کام گھڑی کے مطابق ہونا چاہیے۔ (سلمیٰ سے) سلمیٰ! تم میرا منہ کیا دیکھ رہی ہو؟

جوان ہونے کو آئیں، خانہ داری سے کوئی دلچسپی ہی نہیں ہے۔

سلمیٰ : امی میرا امتحان ہے۔

بیگم : چولھے میں جائے تمھارا امتحان۔ پہلے صاحب کی خبر گیری کروں یا تمھارے امتحان کی سوچوں۔ دو منٹ کی دیر ہوئی تو سارا گھر سر پر اٹھا لیں گے۔ ذرا ان کے کپڑے ٹھیک کر دو۔ میں ناشتے کا انتظام کر رہی ہوں۔

شرفو : (بڑبڑاتا ہے) اری او انگیٹھی! خدا کے واسطے جل جا۔ (پھر پنکھے سے انگیٹھی جھلنے کی آواز) ارے آج ہی دھوکا دینا تھا۔ ای کوئلہ بھی ہمری کسمت کی طرح پتھر رہے۔

بیگم : بس تم یوں ہی بڑبڑاتے رہو۔ ۹ بجنے والے ہیں۔ میں تو الگ ہو جاؤں گی۔ صاحب سے تم ہی نپٹ لینا۔

شرفو : کر ہی تو رہے ہیں بیگم صاحب۔ بس آملیٹ بنانا رہ گیا ہے۔ پھر چائے۔ جل تو جلال تو (دیوار گھڑی سے ۹ بجنے کی آواز، دوسری آواز پر ہی شرفو بول پڑتا ہے) مارے گئے۔ ۹ بج گئے۔ بیگم صاحب ۹ بج گئے۔

بیگم : بس اب صاحب ٹیبل پر آتے ہی ہوں گے۔ آج ہوئی آفت۔ (پھر بڑبڑاتے ہوئے) نوج ایسا بھی کوئی وقت کا پابند ہوتا ہے۔ گھڑی کے کانٹے کے ساتھ ناشتہ، کھانا، سونا، اٹھنا۔ کچھ کہو تو مجھے ہی نصیحتیں ہونے لگتی ہیں۔ تم کیا جانو۔ گھر کی دیواروں میں بند ہو۔ میں دفتر جاتا ہوں۔ افسر ہوں۔ اگر میں ہی پابند نہ ہوا تو... وغیرہ وغیرہ۔ (اتنے میں ڈائیننگ ہال سے آواز آتی ہے)

صاحب : شرفو! ارے او شرفو! بیگم! ارے بھائی کہاں ہیں سب لوگ؟ ۹ بج کر دو منٹ ہوئے اور ابھی تک ٹیبل خالی ہے۔ (بگڑ کر) یہ کیا بدتمیزی ہے؟

بیگم : تھوڑی دیر ہو گئی۔ (گھبرائی ہوئی آواز میں) شرفو جلدی ناشتہ لگاؤ۔ صاحب کو دیر ہو رہی ہے۔

صاحب : دیر ہو رہی ہے نہیں بلکہ دیر ہو چکی۔(غصیلی آواز میں) ۹ بج کر ۳ منٹ ہو چکے ہیں۔مجھے ناشتہ کرنا ہے، کپڑے تبدیل کرنے ہیں۔ساڑھے ۹ بجے آفس کے لیے روانہ ہونا ہے۔آج آفس میں تین میٹنگ ہیں۔میں کیا تم لوگوں کی طرح بیکار ہوں۔ وقت کی کوئی قیمت نہیں۔میں کہتا ہوں...

بیگم : (بات کاٹتے ہوئے) لیجیے بس آ ہی گیا ناشتہ۔(ٹیبل پر پلیٹ رکھنے کی آواز) انگیٹھی نے دھوکا دیا اسی لیے دیر ہوگئی۔

شرفو : (خود کلامی) واہ اللہ میاں... ۴۵ سال سے چولھا پھنکوا رہے ہیں، مگر آج بھی انگیٹھی ایسی بجھا دیتے ہیں کہ شرفو پگلا جاتا ہے۔ہوگئی نا دیر۔صاحب تو بیگم پر بگڑیں گے اور بیگم مجھ پر۔ارے کاہے بڑھاپے میں ذلیل کراؤ ہو ہمکا۔(اتنے میں دور سے بیگم کی آواز آتی ہے اور'آیا صاحب' کہہ کر شرفو اندر جاتا ہے۔)

صاحب : شرفو انڈے کا پوچ بنایا ہے تو نے یا اپنی تصویر بنائی ہے؟

شرفو : صاحب جلدی میں زردی ٹوٹ گئی۔غلطی ہوگئی صاحب۔

صاحب : لیکن کیوں ہوگئی غلطی... تم پوچ بنانے میں غلطی کرو، میں فائلوں میں آرڈر دینے میں غلطی کروں اور... اور...

بیگم : آپ نے بھی کہاں کی بات کہاں پہنچا دی۔جلدی میں زردی بکھر گئی۔(شرفو سے) شرفو! تم جاؤ اور جا کے چائے لے آؤ۔دیکھو کچا پانی مت ڈال دینا۔ٹھیک سے اُبل جائے تب ہی لانا۔

شرفو : ارے نہیں بیگم صاحب۔پینتیس سال سے چائے بنا رہے ہیں۔کیا اتنا بھی نہیں جانتے؟ ہم کرنل تھامس صاحب کے یہاں کام کرتے تھے...

بیگم : (بات کاٹ کر) بس بس۔تم اپنے انگریز کرنل صاحب کی بات رہنے دو، ورنہ رات ہو جائے گی۔جاؤ، جلدی چائے لے کر آؤ۔

شرفو : (خود کلامی) ارے کرنل صاحب کو سب پاگل سمجھتے ہیں۔ جہاں کرنل صاحب کا نام لئیو، سب کو بڑا لگتا ہے۔ ارے کرنل صاحب جیسا مالک اب کہاں ملے گا؟ صبح صبح گڈ مارننگ کہو تو کتنے خوش ہو جات رہیں۔ ارے انگریزوں کی بات ہی اور تھی۔ اور میم صاحب کیا پٹر پٹر انگریجی بولتی تھیں اور کا مجال جو کبھی ڈانٹیں نوکر کو۔ اور ایک ای ہیں۔ دن رات شرفو کے پیچھے ہی پڑے رہتے ہیں۔ اور ہم کو کا ہے۔ کچھ دن اور شرفو کا ستالیں۔ پھر نہیں ملے گا شرفو جیسا کوئی۔ (اتنے میں بیگم کی آواز سنائی دیتی ہے)

بیگم : شرفو، ارے آگئی چائے؟

شرفو : (آہستہ سے) لاتے ہیں بھائی۔ شرفو کوئی مشین تھوڑے ہی ہے۔ (زور سے بولتا ہے) لا رہے ہیں صاحب۔

بیگم : لا رہے ہیں.. لا رہے ہیں... دس منٹ تو ہو گئے۔ پھر صاحب بہادر کا غصہ چمکے گا۔ ان دونوں، نوکر اور صاحب نے تو میرا دماغ خراب کر دیا ہے۔

صاحب : کیا کہہ رہی ہو؟

بیگم : (گھبرا کر) آپ کو کچھ تھوڑی ہی کہہ رہی ہوں۔ شرفو کو کہہ رہی تھی۔

صاحب : ارے تم شرفو کو کیا کہو گی؟ تم میں ایڈمنسٹریشن کی صلاحیت ہی نہیں ہے۔ ایک نوکر پر تو قابو رکھ ہی نہیں سکتیں، میری طرح سو دو سو کے عملے کو قابو میں رکھنا پڑے تو لٹیا ہی ڈبو دیتیں۔

بیگم : بس، رہنے دیجیے۔ گھر کی خانہ داری کرنی پڑے تو پتہ چلے کہ یہ کام کتنا...

صاحب : اچھا اس بحث کو چھوڑ دو۔ مجھے پانچ منٹ دیر ہو چکی ہے اور اسے میک اپ کرنا ہے۔ جلدی کرو۔ میرے کپڑے کہاں ہیں؟ ٹائی کہاں ہے؟ جوتوں پر پالش ہوئی یا نہیں؟

سلمیٰ : پاپا غلطی ہوگئی۔آج پہن لیجیے۔کل سے ٹھیک کر دوں گی۔

صاحب : کل سے... کل سے... اچھا دیکھو، ڈرائیور تیار ہے یا نہیں؟ میں اب چلوں گا۔(چند لمحوں کا وقفہ) اچھا بیگم مَیں چلا۔ساڑھے ۵ بجے آؤں گا اور ساڑھے ٦ بجے مجھے کلب کی میٹنگ میں جانا ہے۔پھر ساڑھے ۸ بجے اولڈ بوائز کا ڈنر ہے۔ذرا میری سیاہ اچکن اور جے پوری جوتے ٹھیک کرا دینا...اور سلمیٰ بیٹا! تم ذرا دیکھ لینا۔میری اچکن کے ساتھ والے موزے بھی ٹھیک کر دینا۔

سلمیٰ : بہت اچھا پاپا۔

صاحب : اچھا بیگم میں چلا۔خدا حافظ۔

سلمیٰ : بائی بائی پاپا۔

شرفو : سلام صاحب (پھر آہستہ سے) چل شرفو جان بچ گئی۔

(وقفہ)

بیگم : (ٹھنڈی سانس لے کر) خدا کا شکر ہے، آج کا دن کٹا۔ پانچ بجے تک نجات ملی۔صبح کیا ہوتی ہے قیامت ہوتی ہے۔شرفو ذرا مجھے چائے دے دے۔سر پھٹا جا رہا ہے۔

سلمیٰ : ممی پاپا بوڑھے ہو گئے مگر ابھی تک کس قدر اسمارٹ ہیں اور وقت کے کتنے پابند۔

بیگم : دو چار مہینوں کی بات ہے۔ریٹائر ہو جانے دو۔ساری اسمارٹنس چلی جائے گی۔ میں تو خوش ہوں گی جب یہ ریٹائر ہوں گے۔پورے گھر کا کورٹ مارشل کیے رہتے ہیں۔آفس گئے ہیں۔اب آفس والوں کا کورٹ مارشل ہو رہا ہوگا۔

دوسرا سین

(صاحب کا دفتر، جہاں صاحب بڑے بابو پر بگڑ رہے ہیں)

صاحب : کہیے بڑے بابو! اس فائل کے put up کرنے میں اتنی دیر کیوں ہوئی؟

بڑے بابو : یس سر۔

صاحب : یس سر، کیا مطلب؟ میری بات کا جواب نہیں دیا آپ نے؟

بڑے بابو : سر، وہ اسٹنٹ ہے ناپانڈے، اسی نے دیر کر دی۔

صاحب : آپ نے Explanation کال کیا اس کا؟

بڑے بابو : یس سر، جی نہیں۔

صاحب : (غصے کی آواز میں) آپ دونوں کو Suspend کر دوں گا۔

بڑے بابو : یس سر... نو سر... جی سر۔

صاحب : آپ جا سکتے ہیں۔ انڈر سکریٹری کو بھیج دیجیے۔

(وقفہ- پھر دروازے پر ہلکی دستک کی آواز)

صاحب : come in

انڈر سکریٹری: Good morning sir

صاحب : Good morning لیکن آج آپ بیس منٹ دیر سے کیوں آئے؟

انڈر سکریٹری: وہ سر، ذرا ڈاکٹر کے یہاں چلا گیا تھا۔

صاحب : وہاں آپ پہلے بھی جا سکتے تھے۔ You know I do not like this۔

اور آپ کا Staff پر کنٹرول بھی ٹھیک نہیں ہے۔ I am not happy with you

انڈر سکریٹری: وہ بات یہ ہے سر...

صاحب : میں فضول باتیں پسند نہیں کرتا۔ اب آپ جا سکتے ہیں۔

(دروازہ کھلنے اور بند ہونے کی آواز۔ پھر گھنٹی کی آواز۔ ٹن ٹن ٹن)

چپراسی : جی حضور!

صاحب : یہ فائل ڈپٹی صاحب کو دے دو۔

چپراسی : وہ آج چھٹی پر ہیں۔ دفتر نہیں آئے۔

صاحب : کیوں نہیں آئے؟

چپراسی : صاحب! ان کی میم صاحب بیمار ہیں۔

صاحب : (غصّے میں) پتہ نہیں یہ لوگ نوکری کیوں کرتے ہیں؟ بیوی بیمار ہیں تو دفتر نہیں آتے۔ کبھی بچہ بیمار ہے، کبھی خود بیمار ہیں... تم جاسکتے ہو۔ (پھر رُک کر) سنو۔

چپراسی : جی حضور!

صاحب : دیکھو! باہر جو لوگ ملنے کے لیے بیٹھے ہیں، ان سے کہہ دو میں آج کسی سے نہیں ملوں گا۔ میں ضروری کام میں مشغول ہوں۔ پرسوں ساڑھے ۳ بجے ملوں گا۔ پی .اے. صاحب سے کہہ دو آج کے سارے اپائنٹمنٹ کینسل کر دیں۔ (پھر خود بولتا ہے) لوگوں کو سوائے ملنے کے کوئی کام نہیں ہے۔

چپراسی : بہت اچھا حضور۔

(دروازہ بند ہونے کی آواز)

تیسرا سین

(صاحب کا گھر، شام کا وقت)

صاحب : بیگم! بیگم... ارے کہاں ہو؟

بیگم : اچھا آپ آگئے آفس سے۔

صاحب : ہاں بھئی، آفس سے ہمیشہ کے لیے آگیا ہوں۔ آج ریٹائر ہوگیا۔ چارج دے کر آرہا ہوں۔ ۳۵ سال کے چکر سے آج نجات ملی۔ اب جی بھر کر آرام کروں گا۔ کس قدر ہلکا پھلکا محسوس کر رہا ہوں۔

بیگم : ہاں، ہاں کیوں نہیں۔اب آپ کی عمر بھی تو آرام کرنے کی ہے۔خیر سے ارشد کی نوکری ہو چکی ہے۔گھر میں بہو آچکی ہے۔سلمیٰ کی شادی ہو چکی۔اللہ نے سب ہی تو ارمان پورے کر دیے۔(پھر پکارتی ہیں) شرفو...شرفو...شرفو۔

شرفو : آیا بیگم صاحب... جی بیگم صاحب۔

بیگم : دیکھو صاحب آگئے اور اب آج سے ریٹائر ہو گئے۔کتنے خوش ہیں تمھارے صاحب۔

شرفو : ہاں صاحب مبارک ہو آرام۔مگر ہم کو کام کرتے کرتے ۴۵ سال ہو گئے۔ہم کو بھی ریٹائر کر دیجیے۔

صاحب : (ہنستے ہوئے) ارے شرفو! تم کو کیسے ریٹائر کر دوں گا۔تم تو ہماری بیگم کی طرح ہماری زندگی بھر کے ساتھی ہو۔(ہنستے ہیں)

شرفو : (ٹھنڈی سانس لے کر) نہیں صاحب! اب ہمرے ہاتھ پیر بھی جواب دینے لگے ہیں۔مگر ہم کو تو موت ہی ریٹائر کرے گی صاحب۔ہم لوگوں کی کسمت میں ایک ہی بار ریٹائر ہونا لکھا ہے۔(ہنستا ہے) اچھا ہم چاے بنالیں۔(چلا جاتا ہے)

صاحب : بچارہ شرفو۔واقعی ۱۵ سال کی عمر سے یہ کام کر رہا ہے مگر اس کی قسمت میں آرام نہیں ہے۔اچھا بیگم میں کپڑے تبدیل کرلوں۔

بیگم : ٹھیک ہے۔

چوتھا سین

(صاحب کا گھر، دن کا وقت)

صاحب : شرفو! شرفو!

شرفو : جی صاحب۔

صاحب : ارے ذرا ٹیلی فون تو لے آنا۔ میں ذرا مہتا صاحب سے بات کروں گا۔

شرفو : لیکن صاحب، ٹیلی فون تو کٹ گیا۔ کل آفس والے لے گئے۔

صاحب : ارے ہاں (دھیرے سے) آفس کا فون تھا۔ اچھا دیکھو رام بلاس سے کہہ دو مہتا صاحب سے کتاب مانگ کر لے آئے۔

شرفو : (حیرت سے) حضور! رام بلاس تو اب نئے صاحب کی ڈیوٹی پر چلا گیا۔ کل ہی تو کہنے آیا تھا کہ اب وہ نہیں آئے گا۔

صاحب : (جھلائے ہوئے انداز میں) ارے ہاں یاد آیا۔ ریٹائرمنٹ کے بعد چپراسی بھی تو چلا گیا۔ (پھر غصّے میں) مگر تم کھڑے کھڑے میرا منہ کیا دیکھ رہے ہو؟ چائے کیوں نہیں لاتے؟ کتنے بج رہے ہیں؟ (پھر چلاتا ہے) بیگم! بیگم!

بیگم : جی کیا بات ہے؟ کیوں چلا رہے ہیں؟

صاحب : کیوں چلا رہے ہیں؟ (حیرت سے) تمھارا لہجہ اس قدر خشک کیوں ہے؟ ساڑھے 9 بج گئے۔ ابھی تک ناشتہ میز پر نہیں لگا اور تم کہہ رہی ہو کہ چلّا کیوں رہے ہیں؟

بیگم : ٹھیک ہی تو کہہ رہی ہوں۔ ساڑھے 9 بج گئے تو کون سی آفت آ گئی؟ اب آپ کو کون سا آفس جانا ہے؟ (موسیقی)

صاحب : (آہستہ لہجے میں) ہاں، اب کون سا مجھے آفس جانا ہے؟ (پھر تیز آواز میں) آفس نہیں جانا تو کیا ہوا؟ کیا ناشتہ بھی نہیں کرنا ہے؟ میں ریٹائر ہو گیا تو کیا اب...

بیگم : (بات کاٹتے ہوئے) آخر میں کیا کیا کروں؟ ارشد کو دفتر جانا ہے۔ پہلے اسے ناشتہ دوں یا آپ کو؟ ادھر بہو بیگم کی طبیعت خراب ہے۔ پہلے پوتے کو دیکھوں یا آپ کی فکر کروں؟''

صاحب : (اداس لہجے میں) ہاں آں، ارشد کو دفتر جانا ہے نا، ٹھیک ہی تو ہے۔

شرفو : (بڑبڑاتے ہوئے خود سے) ارے واہ ری دنیا! یہی صاحب کے لیے روج ہنگامہ

ہوت رہے اور اب یہی ریٹائر کا ہو گئے کہ سب کی نگاہ بدل گئی۔ چل شرفو کام کر۔ نہیں تو تم کا بھی سب ریٹائر کر دیہیں۔

(وقفہ)

صاحب : سلمیٰ سلمیٰ! (پکارتا ہے)

سلمیٰ : (بڑبڑاتی ہے) اُف پاپا! تو ریٹائر ہونے کے بعد ہر وقت چلاتے ہی رہتے ہیں۔

صاحب : (پھر پکارتے ہیں) سلمیٰ! سلمیٰ!

سلمیٰ : جی پاپا۔

صاحب : کتنی دیر سے پکار رہا ہوں تمھیں اور تم سنتی ہی نہیں ہو۔

سلمیٰ : (جھلائی ہوئی آواز میں) آتو رہی تھی۔ آخر امتحان کی تیاری کر رہی ہوں۔ بیکار تھوڑی بیٹھی تھی۔ (موسیقی)

صاحب : (دھیرے سے) بیکار تھوڑی بیٹھی تھی... بیکار تو میں بیٹھا ہوں۔ (کھانستا ہے لگا تار دو تین مرتبہ)

سلمیٰ : آپ نے مجھے کس لیے بلایا تھا؟

صاحب : ارے ہاں! ذرا میرے کپڑے ٹھیک کر دو۔ مجھے پنشن کے کاغذات لانے جانا ہے۔

سلمیٰ : پاپا میرے کالج کا وقت ہو رہا ہے۔ دیر ہو جائے گی۔ میں شرفو سے کہتی ہوں۔ وہ ٹھیک کر دے گا۔ پلیز پاپا۔

صاحب : (دھیرے سے) کالج کو دیر ہو جائے گی۔ (زور سے) ہاں، ہاں ٹھیک ہی تو ہے۔ میں خود ہی ٹھیک کرلوں گا۔ کوئی بات نہیں ہے)

(سلمیٰ چلی جاتی ہے۔ وقفہ)

(مکان سے باہر پکارنے کی آواز آتی ہے۔ مرزا صاحب! مرزا صاحب!)

صاحب : ارے مہتا صاحب! آئیے، آئیے۔ کب سے آپ کا انتظار کر رہا ہوں۔ تشریف لائیے۔

مہتا : بھئی میں پہلے ہی آجاتا، مگر ناشتے میں دیر ہوگئی۔

صاحب : ہاں صاحب! ضرور ہوگئی ہوگی۔ جب سے ہم لوگ ریٹائر ہوئے ہیں، ناشتے میں دیر ہو ہی جایا کرتی ہے۔ (دونوں ہنستے ہیں)

صاحب : (ٹھنڈی سانس لے کر) مہتا صاحب! یہ ریٹائرمنٹ کی زندگی بھی بہت خراب ہے۔ نوکری تھی تو کام سے پریشان رہتا تھا اور سوچتا تھا کہ ریٹائرمنٹ کے بعد خوب آرام کروں گا۔ اور اب کوئی کام نہیں ہے تو زیادہ بے چینی رہتی ہے۔

مہتا : مرزا صاحب! کسی حال میں چین نہیں۔ دراصل ریٹائرمنٹ کے بعد آدمی مشین کے اس گھسے ہوئے پرزے کی طرح ہو جاتا ہے جسے مشین سے الگ کر دیا گیا ہو۔ (ٹھنڈی سانس لے کر) اب اس زنگ آلود پرزے کی مشین کو ضرورت نہیں مرزا صاحب۔

صاحب : ٹھیک ہی کہتے ہیں مہتا صاحب۔ سب کچھ بدلا بدلا سا لگتا ہے۔ اپنے لوگ، در و دیوار سب کچھ بدل گئے ہیں۔ باہر کے ڈرائینگ روم میں ارشد کے دوست بیٹھے رہتے ہیں۔ بیگم کو پوتے پوتیوں سے فرصت نہیں۔ بچے میرے پاس بیٹھنے میں گھبراتے ہیں۔ ایسا لگتا ہے، ریٹائر ہو کر میں نے سب کچھ کھو دیا ہے۔

مہتا : مرزا صاحب! ابھی تو چند دن ہی ہوئے آپ کو ریٹائر ہوئے۔ میں تو چار سال سے اسی طرح جی رہا ہوں۔ مگر آپ کو adjust کرنا چاہیے، ورنہ صحت پر برا اثر پڑے گا۔

صاحب : ہاں مہتا صاحب۔ آپ ٹھیک ہی کہتے ہیں۔ ارے جب جوانی ہی نہیں رہی تو بڑھاپا بھی نہیں رہے گا۔ اچھا ذرا ٹھہریے، میں چائے کے لیے کہہ دوں۔ (جاتا ہے اور

آواز دیتا ہے)

صاحب : بیگم! بیگم! ذرا چائے بھیج دو باہر۔ مہتا صاحب آئے ہیں۔

بیگم : (بڑبڑاتی ہیں) دن بھر کا یہی چکر ہے۔ نہ انھیں کوئی کام ہے نہ مہتا صاحب کو۔ بس بیس بار چائے بناؤ۔ پہلے یہ دفتر میں رہتے تھے، مجھے دن میں تو سکون ملتا تھا۔

صاحب : (بیگم صاحبہ سے) تم مجھ سے کچھ کہہ رہی ہو؟

بیگم : میں یہ کہہ رہی ہوں کہ ارشد آفس گئے ہیں۔ سلمیٰ کالج گئی ہے اور میں بہو بیگم کو ڈاکٹر کے پاس لے جارہی ہوں۔ اب مہتا صاحب سے بیکار گفتگو چھوڑیے اور خود ذرا بچوں کو دیکھیے۔ گھر میں اور کوئی نہیں ہے۔

صاحب : (چونک کر) میں بچوں کو دیکھوں؟

بیگم : بچوں کو دیکھنا کوئی گناہ تو نہیں ہے۔ آخر آپ بیکار ہی تو بیٹھے ہیں۔ چائے کے لیے شرفو سے کہہ دیجیے گا۔ اور ذرا سبزی لانے کو بھی کہہ دیجیے گا۔ مجھے دیر ہو رہی ہے۔ پھر ڈاکٹر صاحب نہیں ملیں گے۔ (جاتی ہے)

صاحب : (تاسف بھرے لہجے میں) ٹھیک ہی تو ہے، مجھے کام ہی کیا ہے؟ بچوں کو دیکھوں، سبزی منگواؤں۔ (پھر چلاّتا ہے) شرفو! شرفو! (کھانسی آجاتی ہے)

شرفو : (کھانستا ہوا، ہانپتا ہوا آتا ہے) جی صاحب! آج طبیعت ٹھیک نہیں۔ مالک بخار ہے اور بدن ٹوٹ رہا ہے۔

صاحب : اوہ! اچھا۔ تم نے دوا کیوں نہیں لی۔ تم چھوڑ دو۔ میں خود چائے بنالوں گا۔

شرفو : (زور سے) نہیں، نہیں۔ ایسا کیسے ہوسکتا ہے۔ میں چائے بنا دیتا ہوں مالک۔ میرے جیتے جی آپ کیسے چائے بنائیں گے۔ نہیں، نہیں۔

صاحب : (بڑی ہمدردی سے) شرفو تم بہت کمزور ہو گئے ہو۔ بوڑھے ہو گئے ہو۔ تم نے ایک دن مجھ سے کہا تھا کہ تمھیں بھی ریٹائر کر دوں۔ واقعی تمھیں بھی آرام کی

ضرورت ہے۔اب تم بھی ریٹائر ہو جاؤ شرفو،تمھیں پہلے کی طرح کھانا،روپیہ سب ملتا رہے گا۔(شرفو کو جیسے بجلی لگ جاتی ہے)

شرفو : نہیں،نہیں،مالک میں ریٹائر نہیں کروں گا۔نہیں میں ریٹائر نہیں کروں گا،نہیں میں ریٹائر نہیں کروں گا۔(موسیقی-موسیقی)

(ڈراپ سین)

■■

حسرتؔ موہانی

سیّد فضل الحسن نام، حسرتؔ تخلص، ۱۸۷۵ء میں قصبہ موہان ضلع اناؤ میں پیدا ہوئے۔ عربی و فارسی گھر پر پڑھی۔ انگریزی اور دیگر مضامین کی تعلیم اسکول اور کالج میں پائی۔ علی گڑھ سے بی۔اے۔ کی ڈگری حاصل کی، زمانۂ طالب علمی نہایت شاندار رہا۔ ہمیشہ اوّل پاس ہو کر گورنمنٹ سے وظیفہ حاصل کرتے رہے۔ بی۔اے۔ پاس ہونے کے بعد اُردوئے معلّی کے نام سے ایک معیاری ماہنامہ بھی جاری کیا تھا جو ایک عرصے تک علم و ادب کی خدمت کرتا رہا۔ حسرتؔ اگرچہ مذہبی آدمی تھے لیکن تنگ نظر نہیں تھے، تین بار حج کی سعادت حاصل کی، بڑے وسیع المشرب اور مرنجان مرنج بزرگ تھے۔ تصوّف کا رنگ ابتدا سے غالب تھا۔

حسرتؔ طالب علمی کے زمانے سے شعر و سخن کے شیدائی تھے، جلالؔ لکھنوی کی شاگردی اختیار کی اور انھیں سے علمِ عروض سیکھا۔ حسرتؔ جملہ اصنافِ سخن پر قدرت رکھتے تھے۔ ان کی طبیعت ہمہ گیر تھی۔ سیاسی رجحانات، آزادی اور آزادروی، بے خوفی اور اصول پسندی کی جھلک ان کے کلام میں نمایاں ہے، ان کی طرفہ طبیعت نے چکی کی مشقت کے ساتھ ساتھ مشقِ سخن بھی جاری رکھی، ان

کے کلام میں زبانِ لکھنؤ میں رنگ دہلی کی نمود تھی۔ ان کے کلام میں مومنؔ کی جدتِ ادا و ندرتِ بیان، مصحفی کی سلاست و روانی، میر کا سوز و گداز، جرأتؔ کی شوخی و رنگینی پائی جاتی ہے۔ اور اسی لیے ان کے شعر سنتے ہی دل میں اتر جانے والے ہوتے ہیں۔ انھوں نے غزل میں نیا رنگ تغزّل شامل کیا۔ دراصل جدید غزل کے احیا میں حسرتؔ کا بھی ہاتھ ہے۔ درد و اثر، شیرینی و دل کشی، لطافتِ بیان، جدّتِ اسلوب، صحیح اور سچّے جذبات، جوش و شوق، شوخی و شگفتگی، عشقیہ جذبات اور احساسات کی تصویر کشی، وارداتِ قلب کی نقاشی، تصوف کی چاشنی، سیاست و مذہب کی ترجمانی، آزادی و حرّیت کی تڑپ حسرتؔ کے کلام کی نمایاں خصوصیات ہیں۔

حسرت موہانی کا ۱۳ر مئی ۱۹۵۱ کو لکھنؤ میں انتقال ہوا۔

غزل

تاثیرِ برقِ حُسن جو اُن کے سخن میں تھی
اک لرزشِ خفی مرے سارے بدن میں تھی

واں سے نکل کے پھر نہ فراغت ہوئی نصیب
آسودگی کی جان تری انجمن میں تھی

اک رنگِ التفات بھی اس بے رخی میں تھا
اک سادگی بھی اس نگہِ سحر فن میں تھی

محتاجِ بوئے عطر نہ تھا جسمِ خوبِ یار
خوشبوئے دلبری تھی جو اُس پیرہن میں تھی

کچھ دل ہی بجھ گیا ہے مرا ورنہ آج کل
کیفیتِ بہار کی شدّت چمن میں تھی

غربت کی صبح میں بھی نہیں ہے وہ روشنی
جو روشنی کہ شامِ سواد وطن میں تھی

عیشِ گدازِ دل بھی غمِ عاشقی میں تھا
اک راحتِ لطیف بھی ضمنِ محن میں تھی

اچھا ہوا کہ خاطرِ حسرتؔ سے مٹ گئی
ہیبت سی اک جو خطرۂ دار و رسن میں تھی

غزل

حُسنِ بے مہر کو پروائے تمنّا کیا ہو
جب ہو ایسا تو علاجِ دلِ شیدا کیا ہو

کثرتِ حسن کی یہ شان نہ دیکھی نہ سنی
برق لرزاں ہے، کوئی گرمِ تماشا کیا ہو

بے مثالی کے ہیں یہ رنگ جو باوصفِ حجاب
بے نقابی پہ ترا جلوۂ یکتا کیا ہو

دیکھیں ہم بھی جو ترے حسنِ دل آرائی بہار
اس میں نقصان ترا اے گلِ رعنا کیا ہو

ہم غرض مند کہاں، مرتبۂ عشق کہاں
ہم کو سمجھیں وہ ہوس کار تو بے جا کیا ہو

دلفریبی ہے تری باعثِ صد جوش و خروش
حال یہ ہو تو دلِ زار شکیبا کیا ہو

رات دن رہنے لگی اس ستم ایجاد کی یاد
حسرتؔ اب دیکھیے انجام ہمارا کیا ہو

جگر مراد آبادی

جگر کا نام علی سکندر تھا اور وطن مراد آباد۔ ۱۸۹۰ء میں پیدا ہوئے۔ آپ کے بزرگوں کا وطن دہلی تھا۔ آپ کے مورثِ اعلیٰ مولوی محمد سمیع ، بادشاہ شاہ جہاں کے استاد تھے لیکن شاہی عتاب کی وجہ سے دلّی چھوڑ کر مراد آباد آنا پڑا اور وہیں مقیم ہو گئے۔ جگر کے والد مولوی نذر علی بھی شاعر اور صاحب دیوان تھے۔

جگر کی تعلیم و تربیت معمولی تھی ،عربی سے بالکل ناواقف تھے، فارسی یوسف زلیخا اور سکندر نامہ تک پڑھی تھی، انگریزی بھی بہت کم جانتے تھے۔

جگر کو شاعری ترکے میں ملی تھی، بچپن ہی سے شعر و سخن کا شوق تھا۔ ۱۳، ۱۴ برس کی عمر سے شعر کہنا شروع کر دیا تھا۔ ابتدا میں اپنے والد سے اصلاح لیتے رہے، ان کے بعد داغ کو کلام دکھانے لگے اور داغ کے بعد منشی امیر اللہ تسلیم کو کئی غزلیں دکھائیں۔

جگر کی قدیم شاعری پر سب سے زیادہ داغ کا رنگ نظر آتا ہے۔ شوخی، معاملہ بندی، الفاظ کی

تکرار، معشوق کا سراپا موثر انداز میں بیان کرنا، داغ کی اثر پذیری کا نتیجہ ہیں۔ مگر جگر نے بڑی خوبی کے ساتھ داغ کی خوبیوں کو جزوِ کلام بنایا ہے۔ دنیاوی حسن وعشق کے مضامین میں صوفیانہ تصورات کو شامل کر کے، شعر کے حُسن کو دوبالا کر دیتے ہیں۔

جگر کی شاعری کے سلسلے میں ڈاکٹر اعجاز حسین نے لکھا ہے:

''جگر کی شاعری میں کیف و وارفتگی اور بے خودی کی لہر قریب قریب ہر جگہ ہے جو کلام میں ایک امتیازی شان اور شاعر کے انہماکِ ذوق و جوشِ فکر کا پتا دیتی ہے۔ ان کی آنکھیں حسن کی اداشناس ہیں اور ان کا دل لذّتِ عشق کا سرمایہ دار ہے۔ جس کے اثر سے کلام میں رنگینی و دلکشی کا ایسا اضافہ ہو جاتا ہے جس سے پڑھنے والے پر ایک خاص محویت طاری ہو جاتی ہے۔ جگر کو محبت سے محبت ہے۔ ان کے کلام کی ایک نمایاں خصوصیت سادگی و روانی ہے۔ الفاظ کی تکرار سے وہ اپنے اشعار میں لطف پیدا کرنے کی کوشش کرتے ہیں۔''

جگر نے ۱۹۶۰ء میں گونڈہ میں وفات پائی۔

غزل

وہ ادائے دلبری ہو کہ نوائے عاشقانہ
جو دلوں کو فتح کرلے، وہی فاتحِ زمانہ

یہ ترا جمالِ کامل، یہ شباب کا زمانہ
دلِ دشمناں سلامت، دلِ دوستاں نشانہ

ترے عشق کی کرامت یہ اگر نہیں تو کیا ہے
کبھی بے ادب نہ گزرا مرے پاس سے زمانہ

تری دوری و حضوری کا ہے یہ عجیب عالم
ابھی زندگی حقیقت ابھی زندگی فسانہ

مرے ہم صفیر بلبل مرا تیرا ساتھ ہی کیا
میں ضمیرِ دشت و دریا تو اسیرِ آشیانہ

میں وہ صاف ہی نہ کہہ دوں جو ہے فرق مجھ میں تجھ میں
ترا درد دردِ تنہا مرا غم غمِ زمانہ

ترے دل کے ٹوٹنے پر ہے کسی کو ناز کیا کیا
تجھے اے جگر مبارک یہ شکستِ فاتحانہ

غزل

جہلِ خرد نے دن یہ دکھائے — گھٹ گئے انساں بڑھ گئے سائے

ہائے وہ کیوں کر دل بہلائے — غم بھی جس کو راس نہ آئے

ضد پر عشق اگر آجائے — پانی چھڑکے آگ لگائے

دل پہ کچھ ایسا وقت پڑا ہے — بھاگے، لیکن راہ نہ پائے

کیسا مجاز اور کیسی حقیقت — اپنے ہی جلوے، اپنے ہی سائے

جھوٹی ہے ہر ایک مسرّت — روح اگر تسکین نہ پائے

کارِ زمانہ جتنا جتنا — بنتا جائے بگڑتا جائے

ضبطِ محبت، شرطِ محبت — جی ہے کہ ظالم اُمڈا آئے

حسن وہی ہے حسن، جو ظالم — ہاتھ لگائے، ہاتھ نہ آئے

نغمہ وہی ہے نغمہ کہ جس کو — روح سُنے اور روح سنائے

معین احسن جذبیؔ

معین احسن جذبی ۲۱/ اگست ۱۹۱۲ء کو اتر پردیش کے مردم خیز ضلع اعظم گڑھ کے قصبہ مبارک پور میں پیدا ہوئے۔ ۱۹۴۰ء میں ایم اے کی ڈگری علی گڑھ مسلم یونیورسٹی سے حاصل کی اور بعد میں وہیں سے پی ایچ ڈی بھی کی۔ ۱۹۵۶ء میں علی گڑھ مسلم یونیورسٹی کے شعبۂ اردو میں بطور لیکچرار تقرر ہوا، ریڈر کی حیثیت سے سبک دوش ہونے کے بعد علی گڑھ ہی میں سکونت اختیار کرلی تھی۔ جذبی ترقی پسند تحریک کے نمائندہ شعرا میں شمار ہوتے ہیں۔ ان کے دو شعری مجموعے ''فروزاں'' اور ''گدازِ شب'' بہت مشہور ہوئے۔ ان کا کلیات ''کلیاتِ جذبی'' کے عنوان سے شایع ہوا ہے۔ شاعری کے علاوہ نثر میں ان کی کتاب ''حالی کا سیاسی شعور'' بھی اہم ہے۔ اسے ۱۹۵۹ء میں احباب پبلیشرز، لکھنؤ نے شائع کیا تھا۔

جذبی کی غزل نے ترقی پسند غزل کو بڑے معنی خیز انداز سے متاثر کیا ہے۔ وہ بنیادی طور سے غزل کے شاعر ہیں مگر نظم کے میدان میں ان کے کارنامے کم اہم نہیں ہیں۔ ان کی نظمیں سلیقہ مندی، صناعی، اور فنکارانہ دروبست کے اوصاف کی حامل ہیں۔ جذبی کا آرٹ ضبط و توازن

کا آرٹ ہے، وہ ارتکاز کے قائل ہیں اور اسی ارتکاز کو انھوں نے فن کی پاسداری سے جلا بخشی ہے۔

ترقی پسند تحریک سے متاثر ہو کر جذبی نے محنت کشوں اور غریبوں کی حمایت میں نظمیں کہیں لیکن ان میں نعرہ بازی اور کمیونزم کے پرچار کا انداز کہیں نہیں پیدا ہونے دیا۔فن کی کسوٹی پر ان کا ہر شعر پورا اترتا ہے۔

جذبی کا شعری سرمایہ بہت مختصر ہے۔لیکن جو بھی ہے انتخاب ہے۔وہ اس وقت تک شعر نہیں کہتے تھے جب تک کہ کوئی اہم شعری تجربہ نہاں خانۂ دل سے باہر نکلنے کے لیے بے تاب نہ ہو جائے۔جذبی اس وقت تک شعر کی تراش خراش میں مشغول رہتے جب تک وہ فن کا اچھا نمونہ نہ بن جائے۔

اردو کے اس مہذب شاعر نے ۱۳ر فروری ۲۰۰۵ء کو علی گڑھ میں داعیٔ اجل کو لبیک کہا اور وہیں مدفون ہوئے۔

غزل

ہم دہر کے اِس ویرانے میں جو کچھ بھی نظارا کرتے ہیں
اشکوں کی زباں میں کہتے ہیں آہوں میں اشارا کرتے ہیں

کیا تجھ کو پتا، کیا تجھ کو خبر، دن رات خیالوں میں اپنے
اے کاکلِ گیتی، ہم تجھ کو جس طرح سنوارا کرتے ہیں

اے موجِ بلا! اِن کو بھی ذرا دو چار تھپیڑے ہلکے سے
کچھ لوگ ابھی تک ساحل سے طوفاں کا نظارا کرتے ہیں

کیا جانیے کب یہ پاپ کٹے، کیا جانیے وہ دن کب آئے
جس دن کے لیے ہم اے جذبیؔ کیا کچھ نہ گوارا کرتے ہیں

غزل

مرنے کی دعائیں کیوں مانگیں، جینے کی تمنّا کون کرے
یہ دنیا ہو یا وہ دنیا، اب خواہشِ دنیا کون کرے

جب کشتی ثابت و سالم تھی، ساحل کی تمنّا کس کو تھی
اب ایسی شکستہ کشتی پر ساحل کی تمنّا کون کرے

وعدے کی وفا تم سے نہ ہوئی، گو جان پہ میرے بن ہی گئی
گر جھوٹا ہوں، جھوٹا ہی سہی، اب تم کو جھوٹا کون کرے

ہاں وادیِ ایمن بھی ہے وہی، ہاں برق کا مسکن بھی ہے وہی
اور ہوش کا خرمن بھی ہے وہی، پر اُن سے تقاضا کون کرے

جو آگ لگائی تھی تم نے، اُس کو تو بجھایا اشکوں نے
جو اشکوں نے بھڑکائی ہے، اُس آگ کو ٹھنڈا کون کرے

دنیا نے ہمیں چھوڑا جذبیؔ، ہم چھوڑ نہ دیں کیوں دنیا کو
دنیا کو سمجھ کر بیٹھے ہیں، اب دنیا دنیا کون کرے

مجروحؔ سلطانپوری

نام اسرار الحسن خاں اور تخلص مجروحؔ۔ اودھ کے ایک گاؤں سلطان پور کے رہنے والے تھے۔ ضلع اعظم گڑھ میں ۱۹۱۹ء میں پیدا ہوئے۔ جہاں ان کے والد بہ سلسلۂ ملازمت مقیم تھے۔ اردو فارسی کی ابتدائی تعلیم یہیں حاصل کی۔ پھر فیض آباد اور الہ آباد گئے، اور عربی میں مولوی اور عالم کے امتحانات میں کامیاب ہوئے۔ ۱۹۳۸ء میں لکھنؤ سے طبابت کی سند حاصل کی۔ تقریباً ایک سال تک مطب بھی چلایا۔ ۱۹۴۰ء میں پہلی مرتبہ شعر کہا، پھر مشاعروں میں شرکت کرنے لگے اور اپنی خوش گلوئی اور خوش فکری کی وجہ سے مقبولیت حاصل کرتے رہے۔ مشاعرے کے سلسلے میں ۱۹۴۵ء میں بمبئی تشریف لائے اور فلموں سے وابستگی کے سبب یہیں رہ گئے۔ ۱۹۴۷ء میں ترقی پسند تحریک سے وابستہ ہوئے۔

''مجروحؔ سلطان پوری، فیضؔ اور حفیظؔ سے بالکل مختلف ہیں۔ فیضؔ اور حفیظؔ کے آہنگ میں ایک آہستہ روی ہے جب کہ مجروحؔ کے آہنگ میں ایک تیزی اور تندہی ہے جس کو اُن کی نظریاتی انتہا پسندی نے پیدا کیا ہے۔ اسی لیے ان کی غزلوں میں ایک اُبال کا احساس ہوتا

ہے ۔ایک شعلہ کے بھڑکنے کی سی کیفیت نظر آتی ہے لیکن شعلے کے اس بھڑکنے میں جو گرمی اور روشنی ہوتی ہے اس کا احساس مجروحؔ کے یہاں نسبتاً زیادہ ہے ۔غزل کی روایت کے اثرات مجروحؔ پر بھی ہیں لیکن روایت کی طرف مڑکر دیکھنے کے باوجود نئے افق کی طرف آگے بڑھنے کی تمناّ کہیں زیادہ ہے ۔وہ ایک والہانہ انداز میں آگے بڑھتے ہیں بلکہ شاید یہ کہنا زیادہ صحیح ہے کہ اُڑتے ہیں ۔اس اُڑان نے مجروحؔ کو ایک نئی لے دی ہے ایک نئی اشاریت سے آشنا کیا ہے ۔"

مجروح سلطانپوری کی غزلوں میں اپنے عہد کا کرب و کشمکش، حالات و واقعات کا عکس جھلکتا ہے ۔اُن کی شاعری کی سب سے اہم خصوصیت یہ ہے کہ عہدِ حاضر کے تقاضوں کو پورا کرنے کے باوجود ان کی غزل، غزل رہی ۔اس کی دلکشی نہ صرف باقی رہی بلکہ بڑھ گئی ۔اُن کے واحد مجموعۂ کلام 'غزل' کے متعدد ایڈیشن چھپ چکے ہیں ۔

مجروح سلطانپوری کی وفات ۱۹۹۵ء میں ممبئی میں ہوئی ۔

غزل

سوئے مقتل کہ پئے سیرِ چمن جاتے ہیں
اہلِ دل جام بکف سر بہ کفن جاتے ہیں

آ گئی فصلِ جنوں کچھ تو کرو دیوانو
ابر صحرا کی طرف سایہ فگن جاتے ہیں

اس کو دیکھا نہیں تم نے کہ یہی کوچہ و راہ
شاخِ گل شوخیِ رفتار سے بن جاتے ہیں

وہ اگر بات نہ پوچھے تو کریں کیا ہم بھی
آپ ہی روٹھتے ہیں آپ ہی من جاتے ہیں

جو ٹھہرتی تو ذرا چلتے صبا کے ہمراہ
یوں بھی ہم روز کہاں سوئے چمن جاتے ہیں

لٹ گیا قافلۂ اہلِ جنوں بھی شاید
لوگ ہاتھوں میں لیے تارِ رسن جاتے ہیں

روک سکتا ہمیں زندانِ بلا کیا مجروحؔ
ہم تو آواز ہیں دیواروں سے چھن جاتے ہیں

غزل

نگاہِ ساقیِ نامہرباں یہ کیا جانے
کہ ٹوٹ جاتے ہیں خود دِل کے ساتھ پیمانے

ملی جب ان سے نظر بس رہا تھا ایک جہاں
ہٹی نگاہ تو چاروں طرف تھے ویرانے

حیات لغزشِ پیہم کا نام ہے ساقی
لبوں سے جام لگا بھی سکوں خدا جانے

تبسّموں نے نکھارا ہے کچھ تو ساقی کے
کچھ اہلِ غم کے سنوارے ہوئے ہیں مے خانے

یہ آگ اور نہیں دل کی آگ ہے ناداں
چراغ ہو کہ نہ ہو جل بجھیں گے پروانے

فریبِ ساقیِ محفل، نہ پوچھیے مجروحؔ
شراب ایک ہے بدلے ہوئے ہیں پیمانے

میر ببر علی انیسؔ

میر ببر علی نام اور انیس تخلص تھا۔ میر خلیقؔ کے صاحبزادے تھے۔ ۱۸۰۲ء میں فیض آباد میں پیدا ہوئے۔ جب آصف الدولہ نے لکھنؤ بسایا تو میر انیسؔ بھی یہیں چلے آئے۔ انیسؔ کا خاندان سالہا سال سے شعر و ادب کی خدمت کرتا رہا تھا کئی پشت سے مرثیہ گوئی سینہ بہ سینہ چلی آرہی تھی۔ انیسؔ نے خود کہا ہے ؎

پانچویں پشت ہے شبّیر کی مدّاحی میں
عمر گزری ہے اسی دشت کی سیّاحی میں

ان کے گھرانے کی زبان بڑی مستند اور معیاری سمجھی جاتی تھی۔

انیسؔ نے ابتدائی تعلیم مولوی حیدر علی صاحب سے حاصل کی، شاعری میں اپنے والدِ محترم سے اصلاح لیتے رہے۔ میر انیسؔ نے اپنے والد کے زمانے ہی سے مرثیہ لکھنا شروع کیا اور انہی کا انداز اختیار کیا اور والد کے زمانے ہی میں شہرت حاصل کی۔ انیس نے اس صنف کو آسمان پر پہنچا دیا۔ واقعہ نگاری، منظر کشی، جذبات نگاری اور سیرت نگاری کا کمال دکھا کر مرثیے

کی ادبی حیثیت بلند کردی۔

اخلاقی شاعری کے اعتبار سے بھی میر انیسؔ کے مراثی بلند پایہ ہیں۔ امام حسین اور ان کے ساتھیوں کے اخلاقِ حسنہ کو اس خوبصورت پیرایہ میں پیش کیا ہے کہ وہ بنی نوع انسان کے لیے قابل تقلید نمونہ بن گئے ہیں۔

مندرجہ ذیل اقتباس میں انھوں نے امام حسین کی سیرت کی ایک خاص خوبی یعنی صلح جوئی کو پیش کیا ہے۔ جب لشکر شام نے بھی نہر فرات کے کنارے خیمے گاڑنے کا ارادہ کیا اور حضرت عباس اور دوسرے جانباز ساتھیوں نے ان کی پیش قدمی پر روک لگانے کی ٹھانی تو محض کشت وخون سے بچنے کے خیال سے امام حسین نے انھیں دشمنوں کا مقابلہ کرنے سے روک دیا۔

میر انیس ۱۸۷۴ء کو اس دارِفانی سے رخصت ہوئے۔

امام حسین کی صلح جوئی

تھا فکر میں خموش دو عالم کا تاجدار
کھلوا رہے تھے خیموں کو عبّاسِ ذی وقار
ناگہ اٹھا شمال کی جانب سے اک غبار
رایت سیاہ و سرخ نظر آئے تین چار
مڑ کر کہا حبیب نے کچھ رنگ اور ہے
بولا کوئی یہ شام کے لشکر کا طَور ہے

یہ ذکر تھا کہ بن میں سیاہی سی چھا گئی
ڈنکے کی، دشتِ ظلم سے کوسوں صدا گئی
گھوڑوں کے دوڑنے سے زمیں تھرتھرا گئی
جنگی سپاہ گھاٹ کے نزدیک آگئی
اک ایک پہیل زور تہمتن شکوہ تھا
ابنِ رکاب سبز قدم سرگروہ تھا

بولے ملازموں سے یہ عبّاسِ باوفا
دریافت تو کرو کہ ارادہ ہے ان کا کیا؟
آتے ہی سرکشی پہ طریقہ ہے کون سا؟
کہہ دو کہ اہلِ بیت کے خیمہ کی ہے یہ جا
لازم رسول زادیوں کا احترام ہے
اتریں الگ کہیں یہ ادب کا مقام ہے

کرسی نشیں ہے لختِ دلِ سیّد البشر
آئینِ خسروی سے یہ واقف نہیں مگر
آتی ہے اڑ کے گھوڑوں کی ٹاپوں سے گرد ادھر
کیا ہے جو روکتے نہیں باگیں یہ خیرہ سر
بھولے ہوئے ہیں اس پہ کہ ہم خاکسار ہیں
شاید ہوا کے گھوڑوں پہ ظالم سوار ہیں

اس فوج کے رئیس نے بڑھ کر کیا کلام
حکمِ امیر ہے یہیں اترے سپاہِ شام
چھوڑیں گے ہم اُسے کہ جو راحت کا ہے مقام؟
دریا سے ہٹ کے آپ بپا کیجیے خیام
لشکر کشی ہے بادشہِ کائنات پر
کل مورچے سپاہ کے ہوں گے فرات پر

ہم گھاٹ روکنے کے لیے آئے ہیں ادھر
ہے آج شب کو داخلۂ شمر کی خبر
سنتے ہی یہ ترائی میں گونجا وہ شیرِ نر
تیوری چڑھا کے تیغ کے قبضہ پہ کی نظر
کم تھا نہ ہمہمہ اسدِ کردگار سے
نکلا ڈکارتا ہوا ضیغم کچھار سے

غصے میں رکھ کے دوش پہ شمشیرِ برق دم
نعرہ کیا اسد نے کہ تم سے ہٹیں گے ہم
گر فوجِ قاہرہ کی ہے آمد تو کیا ہے غم
گرتا ہے کٹ کے سر، وہیں جس جا جمے قدم
بپھریں جو شیر سامنے آتا نہیں کوئی
یہ آنکھ وہ ہے جس میں سماتا نہیں کوئی

تم کون ہو، حسین ہے مختارِ خشک و تر
ان کے سوا ہے کون شہنشاہِ بحر و بر
دیکھو فساد ہوگا بڑھوگے اگر ادھر
شیروں کا یاں عمل ہے تمہیں کیا نہیں خبر
سبقت کسی پہ ہم نہیں کرتے لڑائی میں
بس کہہ دیا کہ پانوں نہ رکھنا ترائی میں

اُلٹی جناب قاسم ذی شاں نے آستیں
قبضے پہ ہاتھ رکھ کے بڑھے اکبرِ حسیں
بولے پکڑ کے نیچے زینب کے مہ جبیں
شیروں سے کیا ترائی کو لیں گے یہ اہل کیں
کہیے تو نیزہ بازوں کو ہم دیکھ بھال لیں
تیوری کوئی چڑھائے تو آنکھیں نکال لیں

آگے تھے سب کے حضرت عباسِ ذی حشم
بڑھ بڑھ کے روکتے تھے دلیروں کو دم بدم
تیغیں جو تولتے تھے ادھر بانی ستم
کہتے تھے سر نہ ہوگا بڑھایا اگر قدم
لرزہ تھا رعب حق سے ہر اک نابکار کو
روکے تھا ایک شیرِ جری دس ہزار کو

چلائی رو کے زینب ناشاد و نامراد
ہے ہے خبر تو لو کہ یہ کس سے ہوا فساد
غربت زدوں سے کیا سبب کینہ و عناد
دیکھیں کوئی کدھر ہیں شہنشاہِ خوش نہاد
ہمشیر کو نثارِ امامِ اُمم کرو
لوگو! دعائیں اکبرِ مہ رو پہ دم کرو

محمل سے منہ نکال کے فضّہ نے یوں کہا
بلوہ کنارِ نہر ہے اے بنتِ مرتضیٰ
نیزے بڑھا بڑھا کے ہٹاتے ہیں اشقیا
قبضے پہ ہاتھ رکھے ہیں عبّاس باوفا
کیا جانے کس نے ٹوک دیا ہے دلیر کو
سب دشت گونجتا ہے یہ غصہ ہے شیر کو

زینب پکاریں پیٹ کے زانو بصد ملال
ہے ہے غضب ہوا اگر آیا انھیں جلال
کہہ دے کوئی کہ اے اسدِ کبریا کے لال
غربت پہ ابنِ فاطمہ کی تم کرو خیال
قربان ہوگئی نہ لڑائی کا نام لو
میں ہاتھ جوڑتی ہوں کہ غصے کو تھام لو

یہ بات کہہ کے رونے لگی خواہرِ امام
عباس ادھر غضب میں بڑھے سوئے فوجِ شام
کرسی سے جلد اٹھ کے پکارے شہِ انام
بھیا! ہمارے سر کی قسم روک لو حُسام
یکساں ہے برّ و بحر ہماری نگاہ میں
غیظ و غضب کو دخل نہ دو حق کی راہ میں

ڈاکٹر سر محمد اقبالؒ

اقبالؒ ۹رنومبر ۱۸۷۷ءکو سیالکوٹ میں پیدا ہوئے۔ابتدا میں عربی اور فارسی کا درس لیا بعد میں سیالکوٹ اور لاہور میں اعلیٰ تعلیمی ڈگریاں نمایاں طور پر حاصل کیں۔گورنمنٹ کالج لاہور میں پروفیسر مقرر ہوئے۔ ۱۹۰۵ءمیں ولایت گئے اور کیمبرج یونی ورسٹی سے فلسفہ میں ڈگری حاصل کی۔لندن میں بیرسٹری کا امتحان دیا۔ ۱۹۰۸ءمیں ہندستان واپس آ کر لاہور کے اورینٹل کالج اور گورنمنٹ کالج میں پروفیسر ہوئے پھر وکالت کرنے لگے۔

اقبالؒ کو شاعری کا شوق شروع ہی سے تھا،لاہور کے مشاعروں اور انجمن حمایت اسلام کے جلسوں میں شریک ہونے لگے تو ہر طرف شہرت ہوگئی۔اقبالؒ نے اپنے کلام سے قومی تصور میں جان ڈال دی اور اپنی شاعری کے ذریعہ اپنی قوم کو ماضی کی حیرت انگیز داستان سنائی اور مستقبل کے لیے درسِ عمل دیا۔اقبالؒ کے کلام کے مندرجہ ذیل مجموعے شائع ہو چکے ہیں:

بانگ درا،بالِ جبریل،ضربِ کلیم،زبورِ عجم،جاوید نامہ،ارمغانِ حجاز،اسرارِ خودی،رموزِ بے خودی، پیامِ مشرق

علامہ اقبال کے بارے میں آلِ احمد سرور نے لکھا ہے:

''اقبالؔ تمام انسانوں کو دعوتِ عمل دیتے ہیں وہ کسی ایک فرقہ یا ملّت کے شاعر نہیں، تمام انسانیت کے شاعر ہیں۔ وہ فرد کی خودی کی تکمیل اس لیے چاہتے ہیں کہ جماعت کا فائدہ ہو اور بحیثیت مجموعی جماعت ارتقا کے میدان میں آگے قدم بڑھائے، انسانیت کی تکمیل کے لیے تکمیلِ خودی سب سے ضروری چیز ہے، مشرق نے اسے بھلا دیا اور منفی اثرات میں مبتلا ہو گیا۔ مغرب نے خودی کی تکمیل کی مگر یہ تکمیل قوانینِ الٰہی کی پابند نہیں تھی اور اس میں وہ روحانی جذبہ نہیں تھا جو اقبالؔ کے نزدیک ضروری ہے یہی وجہ ہے کہ اس کے نظام میں انتشار اور سراسیمگی کے عناصر نمایاں ہو رہے ہیں۔''

۲۱/ اپریل ۱۹۳۸ء کو یہ نابغہ روزگار شاعر اس دنیا سے رخصت ہوا۔

روحِ ارضی آدم کا استقبال کرتی ہے

علامہ اقبالؒ

کھول آنکھ، زمیں دیکھ، فلک دیکھ، فضا دیکھ!
مشرق سے ابھرتے ہوئے سورج کو ذرا دیکھ!
اس جلوۂ بے پردہ کو پردوں میں چھپا دیکھ!
ایّامِ جدائی کے ستم دیکھ، جفا دیکھ!
بے تاب نہ ہو، معرکۂ بیم و رجا دیکھ!

ہیں تیرے تصرّف میں یہ بادل، یہ گھٹائیں
یہ گنبدِ افلاک، یہ خاموش فضائیں
یہ کوہ، یہ صحرا، یہ سمندر، یہ ہوائیں
تھیں پیشِ نظر کل تو فرشتوں کی ادائیں
آئینۂ ایّام میں آج اپنی ادا دیکھ!

سمجھے گا زمانہ تری آنکھوں کے اشارے!
دیکھیں گے تجھے دور سے گردوں کے ستارے!
ناپید ترے بحرِ تخیّل کے کنارے
پہنچیں گے فلک تک تری آہوں کے شرارے
تعمیرِ خودی کر، اثرِ آہِ رسا دیکھ!

خورشیدِ جہاں تاب کی ضو تیرے شرر میں
آباد ہے اک تازہ جہاں تیرے ہنر میں
جچتے نہیں بخشے ہوئے فردوس نظر میں
جنت تری پنہاں ہے ترے خونِ جگر میں
اے پیکرِ گِل کوششِ پیہم کی جزا دیکھ!

نالندہ ترے عُود کا ہر تار ازل سے
تو جنسِ محبت کا خریدار ازل سے
تو پیرِ صنم خانۂ اسرار ازل سے
محنت کش و خونریز و کم آزار ازل سے
ہے راکبِ تقدیرِ جہاں تیری رضا دیکھ!

فیض احمد فیضؔ

فیض احمد خاں نام، فیضؔ تخلص ۔ ۱۳؍فروری ۱۹۱۱ء کو سیالکوٹ میں پیدا ہوئے۔ ان کے والد چودھری محمد خاں بیرسٹر تھے۔ فیضؔ نے شمس العلما سید میر حسن سے عربی اور فارسی کی تعلیم حاصل کی جو اقبالؔ کے بھی استاد رہ چکے تھے۔ پھر مشن اسکول میں چوتھی جماعت میں داخلہ لیا اور ۱۹۲۷ء میں فرسٹ ڈویژن میں میٹرک پاس کیا۔ گورنمنٹ کالج، لاہور سے انگریزی اور عربی میں بی۔اے۔ آنرز کیا۔ ۱۹۳۴ء میں اورینٹل کالج لاہور سے فرسٹ ڈویژن میں ایم۔اے۔ کیا۔ ایک سال بعد ایم۔اے۔او کالج امرتسر میں انگریزی کے لیکچرر مقرر ہوئے۔ دوسری جنگِ عظیم کے دوران ۱۹۴۲ء میں بحیثیت کیپٹن فوج میں ملازم ہوئے اور لیفٹننٹ کرنل کے عہدے تک ترقی پائی۔

یکم جنوری ۱۹۴۷ء کو فوجی ملازمت سے مستعفی ہوئے۔ ۱۹۵۹ء میں پاکستان آرٹ کونسل لاہور کے سکریٹری مقرر ہوئے اور جون ۱۹۶۲ء تک خدمات انجام دیں۔ ۱۹۶۴ء میں عبداللہ ہارون کالج کراچی کے پرنسپل مقرر ہوئے۔ ۳۹-۱۹۳۰ء کے عرصے میں ''ادبِ لطیف'' لاہور کے مدیر

رہے۔ ۵۸-۱۹۴۷ء تک پروگریسیو پیپرز لمیٹڈ سے وابستہ ہوئے اور ''پاکستان ٹائمز'' (انگریزی) روزنامہ ''امروز'' اور ہفت روزہ ''لیل ونہار'' کے مدیر رہے۔ ۱۹۴۱ء میں بیگم دین محمد تاثیر کی بہن اور برطانوی نژاد خاتون ایلس سے شادی کی۔

فیضؔ شاعری میں کسی کے شاگرد نہیں رہے۔ ۱۹۳۶ء میں سجاد ظہیر اور صاحبزادہ محمود الظفر کی تحریک پر لاہور میں انجمن ترقی پسند مصنفین کے قیام میں اہم کردار ادا کیا۔ قیام پاکستان کے بعد مزدور تحریک سے وابستہ رہے اور ٹریڈ یونین فیڈریشن کے نائب صدر کی حیثیت سے سان فرانسیسکو میں آئی۔ ایل۔ او۔ کے اجلاس میں بھی شرکت کی۔ عمر کے آخری برسوں میں زیادہ تر بیروت میں قیام کیا اور وہاں ''لوٹس' مرتب کرتے رہے۔ حکومتِ روس نے انھیں ''لینن پیس پرائز'' سے نوازا۔ ۱۹۶۲ء میں لینن امن انعام حاصل ہوا۔

فیضؔ نے اردو شاعری کو ایک نیا اسلوب اور سیاسی پس منظر عطا کیا۔ ان کے کلام میں سادگی اور شگفتگی کے ساتھ ساتھ ایک طرح کا افسردہ اور کھویا کھویا سا لہجہ ملتا ہے۔ فیضؔ کی شاعری رومانیت اور حقیقت پسندی کا حسین امتزاج ہے۔ فیض نے ۲۰ر نومبر ۱۹۸۴ء کو لاہور میں وفات پائی۔

آج بازار میں پا بجولاں چلو

فیض احمد فیضؔ

چشمِ نم، جانِ شوریدہ کافی نہیں
تہمتِ عشقِ پوشیدہ کافی نہیں
آج بازار میں پابجولاں چلو

دست افشاں چلو، مست و رقصاں چلو
خاک بر سر چلو، خوں بداماں چلو
راہ تکتا ہے سب شہرِ جاناں چلو

حاکمِ شہر بھی، مجمعِ عام بھی
تیرِ الزام بھی، سنگِ دشنام بھی
صبحِ ناشاد بھی، روزِ ناکام بھی

ان کا دم ساز اپنے سِوا کون ہے
شہرِ جاناں میں اب باصفا کون ہے
دستِ قاتل کے شایاں رہا کون ہے

رختِ دل باندھ لو، دل فگارو چلو
پھر ہمیں قتل ہو آئیں یارو چلو

ساحر لدھیانوی

عبدالحئی نام، ساحرؔ تخلص۔ ۸؍مارچ ۱۹۲۱ء میں لدھیانہ کے ایک انتہائی متمول اور خوش حال خاندان میں پیدا ہوئے۔ والد اور والدہ کے کشیدہ تعلقات جب ناقابلِ برداشت ہو گئے تو ساحر کی والدہ نے علیحدگی اختیار کر لی۔ ساحر نے والدہ اور ماموں کے زیرِ سایہ پرورش پائی۔ اُن کی کم عمری ہی میں وقوع پذیر ہونے والے اس ناگوار واقعہ نے ساحر کو نفسیاتی طور پر بے انتہا متاثر کیا اور انھیں سرمایہ دارانہ نظام سے بغاوت پر اُکسایا، جس کا اثر اُن کے کلام میں جا بجا نظر آتا ہے۔ تعلیم مکمل کرنے کے بعد لاہور میں ''ادبِ لطیف'' اور ''سویرا'' میں بحیثیت مدیر کام کیا۔ تقسیمِ ہند کے بعد ''شاہراہ'' کی ادارت کے فرائض انجام دیے۔ پھر بمبئی پہنچے۔ جہاں فلمی دنیا نے اُن کی پذیرائی کی۔ ساحرؔ فلمی دنیا کے سب سے باعزت اور مقبول ترین گیت کار تھے۔

ساحرؔ لدھیانوی اپنی زندگی میں اردو کے مقبول ترین شاعر تھے۔ ساحرؔ نے انیس بیس برس کی عمر میں شاعری شروع کی تھی اور تب سے لے کر آج تک اُن کی مقبولیت مسلسل قائم ہے۔ ساحر کا پہلا مجموعۂ کلام ''تلخیاں'' اردو شاعری کے مقبول ترین مجموعوں میں سے ایک ہے۔ جس کے

باضابطہ ۲۵/ایڈیشن اور متعدد اس سے دوگنے جعلی ایڈیشن شائع ہو چکے ہیں۔ بیسویں صدی میں کسی شعری مجموعہ کو اتنی قدر و منزلت اور محبت کی نظروں سے نہیں دیکھا گیا۔

ساحر انتہائی حسّاس شاعر تھے۔ اُن کی شاعری اپنے عہد کا مرقع ہے۔ اُن کی نظمیں اپنے وقت کے سیاسی اور سماجی ہیجان کی آئینہ دار ہیں۔ ساحر کی شہرت کا راز اُن کے دلفریب اندازِ بیان اور طنزیہ طرزِ تخاطب میں پنہاں ہے۔ اُن کا کلام قاری کو فوراً اپنی گرفت میں لے لیتا ہے اور اسی خصوصیت نے ساحرؔ کو بحیثیت شاعر ایک اہم مقام عطا کیا ہے۔ تصانیف: تلخیاں، گاتا جائے بنجارہ، آؤ کہ کوئی خواب بنیں، آخری نذرانے اور کلیاتِ ساحر۔

ساحر لدھیانوی کو حکومتِ ہند نے ۱۹۷۱ء میں پدم شری کا اعزاز عطا کیا۔ ۱۹۷۲ء میں سوویت لینڈ نہرو ایوارڈ ملا۔ مختلف صوبہ جاتی اردو اکادمیوں کے انعامات بھی ملے۔ علاوہ ازیں ہندو پاک جنگ کے بعد ۱۹۷۲ء میں ہمارے جوانوں نے کچھ فوجی چوکیوں کے نام ساحر لدھیانوی کے نام پر رکھے۔ سینا سیوا کروپس کا ترانہ (مارچنگ سانگ) بھی ساحر لدھیانوی کی تخلیق ہے۔ سول لائن لدھیانہ میں ایک سڑک کا نام ۱۹۷۵ء میں ساحر روڈ رکھا گیا۔ حکومتِ پنجاب نے لدھیانہ میں ساحر کلچر سنٹر کے قیام کا اعلان کیا۔

۲۵/اکتوبر ۱۹۸۰ء کو بمبئی میں ساحر کا انتقال ہوا۔

تاج محل

ساحر لدھیانوی

تاج تیرے لیے اک مظہرِ الفت ہی سہی
تجھ کو اس وادیِ رنگیں سے عقیدت ہی سہی
میری محبوب کہیں اور ملا کر مجھ سے
بزمِ شاہی میں غریبوں کا گزر کیا معنی
ثبت جس راہ پہ ہوں سطوتِ شاہی کے نشاں
اس پہ الفت بھری روحوں کا سفر کیا معنی
میری محبوب پسِ پردۂ تشہیرِ وفا   تو نے سطوت کے نشانوں کو تو دیکھا ہوتا
مردہ شاہوں کے مقابر سے بہلنے والی   اپنے تاریک مکانوں کو تو دیکھا ہوتا
ان گنت لوگوں نے دنیا میں محبت کی ہے
کون کہتا ہے کہ صادق نہ تھے جذبے ان کے
لیکن ان کے لیے تشہیر کا سامان نہیں
کیوں کہ وہ لوگ بھی اپنی ہی طرح مفلس تھے
یہ عمارات، مَقابر، یہ فصیلیں، یہ حصار   مطلق الحکم شہنشاہوں کی عظمت کے ستوں
سینۂ دہر کے ناسور ہیں، کہنہ ناسور   جذب ہے ان میں ترے اور مرے اجداد کا خوں
میری محبوب انھیں بھی تو محبت ہوگی
جن کی صناعی نے بخشی ہے اسے شکلِ جمیل
ان کے پیاروں کے مَقابر رہے بے نام و نمود
آج تک ان پہ جلائی نہ کسی نے قندیل
یہ چمن زار یہ جمنا کا کنارا یہ محل   یہ منقش در و دیوار یہ محراب یہ طاق
اک شہنشاہ نے دولت کا سہارا لے کر   ہم غریبوں کی محبت کا اڑایا ہے مذاق
میری محبوب کہیں اور ملا کر مجھ سے

اختر الایمان

اختر الایمان ۱۹۰۵ء میں نجیب آباد (بجنور) میں پیدا ہوئے۔کم سنی ہی میں انھیں دلّی کے ایک یتیم خانے میں داخل کیا گیا، جہاں وہ کس مپرسی کی زندگی گزارتے رہے۔

اختر الایمان اپنی کتاب ''یادیں'' کے پیش لفظ میں اپنے متعلق اس طرح لکھتے ہیں:

''۱۹۳۴ء میں میری یتیم خانہ کی زندگی ختم ہوگئی، تعلیم کو جاری رکھنے کے لیے میں نے فتح پوری مسلم ہائی اسکول دلّی میں داخلہ لے لیا اور غزل کو ترک کر کے ایکا ایک نظم کہنی شروع کر دی۔کیوں؟ اس کا محرک اس وقت میرے ذہن میں نہیں، غالباً کوئی محرک تھا ہی نہیں۔''

اسکول کا زمانہ ختم ہونے کے بعد اختر الایمان اینگلو عربک کالج میں داخل ہو گئے اور کچھ مدت شعر کہنے کے بعد شاعری ترک کر دی اور افسانے لکھنے شروع کر دیے۔یہ افسانے ساقی، ادبِ لطیف اور نیا ادب وغیرہ میں چھپتے رہے۔پھر ایک وقت آیا جب افسانوں سے بھی جی اچاٹ ہو گیا۔لیکن بعد میں شاعری کی طرف لوٹ آئے اور اُردو کی نئی شاعری کے نمائندہ نظم گو شعرا میں شمار کیے گئے۔

اختر الایمان بنیادی طور پر نظم کے شاعر ہیں۔انھوں نے غزل کبھی نہیں کہی اور رومانی شاعری سے بھی بیزار رہے۔ان کی نظموں میں نہ صف سیاسی وسماجی مسائل کی گونج سنائی دیتی ہے بلکہ انسانی جذبات اور نفسیاتی کیفیات کی عقدہ کشائی بھی ملتی ہے۔وہ اپنی ذاتی زندگی کے سانحات کو بھی اپنی نظموں میں اس طرح ڈھالتے ہیں کہ وہ ہمیں اپنے مشاہدات وتجربات کا حصہ معلوم ہونے لگتے ہیں۔ان کی نظم ُایک لڑکا' جسے نئی نظم نگار کا نقطۂ آغاز سمجھا جاسکتا ہے، اس کی عمدہ مثال ہے۔ایک علامتی شاعر کی حیثیت سے انھیں غیر معمولی اہمیت وشہرت حاصل ہے۔

ان کے شعری مجموعے ُیادیں' (۱۹۶۰ء) پر اُنھیں ساہتیہ اکادمی انعام ملا تھا۔ان کے دیگر مجموعوں میں ُگرداب' (۱۹۴۳ء)، ُسب رنگ' (۱۹۴۶ء)، ُتاریک سیارہ' (۱۹۵۲ء)، ُآب جو' (۱۹۵۹ء)، ُبنتِ لمحات' (۱۹۶۹ء)، ُنیا آہنگ' (۱۹۶۷ء)، ُکلیات سروشاماں' (۱۹۷۳ء) اور کلیات زمین زمین (۱۹۹۰ء) شامل ہیں۔ان کی غیر مطبوعہ نظموں کا مجموعہ ُزمستاں سرد مہری کا' (۱۹۹۷ء) پس از مرگ شایع ہوا۔

اختر الایمان ۹/مارچ ۱۹۹۶ء کو ممبئی میں انتقال کر گئے۔

دُعا

اختر الایمان

اب نہ شوریدہ سری ہے نہ اُمنگوں کا ہجوم
لب پہ فریاد نہ تھرّاتے ہیں پلکوں پہ نجوم
اب نہیں اٹھتا مرے سینے میں آہوں کا دھواں
اب نہیں پڑتا سرِ راہ کوئی ایسا مکاں
جس کی دیوار کے سائے میں سحر گاتی ہو
گوشے گوشے سے جہاں بوئے چمن آتی ہو
اب نہیں نظریں بھٹکتیں کسی صورت کے لیے
اب نہیں رکتے کسی در پہ عبادت کے لیے
کوئی بیٹھا ہے پسِ پردہ نہیں ہوتا قیاس
میں بگولہ ہوں مجھے اب نہیں ہوتا احساس
میرے پہلو میں دھڑکتے ہوئے دل کا مفہوم
گردشِ خون ہے، باقی ہے ہر اک شے معدوم
میری وہ آنکھیں تڑپتا تھا کبھی جن میں شباب
جو رہا کرتی تھیں اک درد کے مارے بے خواب
آج اس واسطے چہرے پہ ہیں، بینا کہلاؤں
آج اس واسطے بینا ہوں کہ سب دیکھتا جاؤں
تم نے میرے لیے جس دن کی دعا مانگی تھی
یہ وہی روزِ قیامت ہے مبارک ہو تمھیں

محمد علوی

محمد علوی (ولادت ۱۹۲۷ء) کا وطن احمد آباد گجرات ہے۔ وہ دورِ جدید کے جواں فکر اور خوش گو شاعر ہیں۔ غزل اور نظم دونوں میں یکساں مہارت کے ساتھ شعر کہتے ہیں۔ ان کے یہاں ایک نمایاں کسک اور دردمندی پائی جاتی ہے۔ احساس کے نئے پن اور تازگی سے ایک خاص لطف پیدا کر دیتے ہیں۔ اندازِ بیان عام یا پامال روش سے الگ ہے۔ نکتہ آفرینی ان کی ممتاز خصوصیت ہے۔ وہ بظاہر بات بڑے سیدھے سادے ڈھنگ سے کہتے ہیں لیکن اس کی تہہ میں گہری معنویت پوشیدہ ہوتی ہے۔ محمد علوی بنیادی طور پر کیفیات کے شاعر ہیں۔ وہ زندگی کے مشاہدات اور تجربات کو ان کی اولین سطح پر دیکھنے کی بجائے ان سے پیدا ہونے والی کیفیت کو دیکھتے ہیں۔ علوی کا اندازِ بیان قطعی غیر رسمی لیکن ان کی زبان عام بول چال کی زبان ہے۔ ان کی نظم ''گھر'' ان کے ڈکشن کی نمائندگی کرتی ہے۔ ان کے چار شعری مجموعے ''خالی مکان''، ''آخری دن کی تلاش''، ''چوتھا آسمان'' اور ''تیسری کتاب'' شائع ہو چکے ہیں۔

محمد علوی کے شعری سرمائے میں انسانی موضوعات پر کئی بہترین نظمیں موجود ہیں۔ یہ نظمیں

ایک خاص تہذیب اور اس کے پیدا کردہ معاشرے کی عکاس ہیں۔ وہ اپنی تہذیبی اور معاشرتی روح کو گرفت میں لینے کے لیے ایسے موضوعات کی گہرائی تک اترتے ہیں۔ ہر تہذیب و ثقافت میں ایسے چند فنکار ہوتے ہیں جو اس کے نقوش کو محفوظ کر لیتے اور انھیں عمر جاوداں عطا کر دیے ہیں۔ بدلتے ہوئے وقت کے ساتھ ساتھ معاشروں اور قوموں کے تہذیبی اور ثقافتی نقش و نگار بنتے اور بگڑتے چلے جاتے ہیں۔ علوی ایک ایسے فنکار ہیں جنھوں نے آتی ہوئی تبدیلی کے قدموں کی آہٹ پہچان کر معدوم ہوتے ہوئے تہذیبی نقوش کو نہ صرف ابھارا ہے بلکہ انھیں تراشا اور سنوارا بھی ہے۔ اور انھیں ایک نئی معنویت عطا کی ہے۔ ان کی کئی نظموں میں ہمیں ہماری گم ہوتی ہوئی گلیوں، حویلیوں، دالانوں، قصبوں اور دیہاتوں کی داستانیں ملتی ہیں۔

ابنِ مریم

محمد علوی

تو پھر یوں ہوا
ابنِ مریم نے اک اونچے ٹیلے پہ چڑھ کر کہا:
سن رہے ہو
جہاں تم نے بویا نہیں ہے
وہاں کاٹنے کیوں چلے ہو
جہاں کچھ بکھیرا نہیں ہے
وہاں سے سمیٹو گے کیا
لاؤ، اپنے گناہوں کے پشتارے لاؤ
کہاں تک انھیں لاد کر یوں پھرو گے
انھیں دفن کر دو
تو ممکن ہے کل اس زمیں پر تمھیں
نیکیوں کے درختوں سے
لذت کے پھل مل سکیں گے
اور پھر یوں ہوا
ابنِ مریم نے دیکھا
تو میدان میں
چند بھیڑیں کھڑی تھیں
لوگ اپنے مکانوں کی جانب
گناہوں کو لادے
بڑھے جا رہے تھے
اور ٹیلے پہ تنہا کھڑا ابنِ مریم عجب لگ رہا تھا

فراق گورکھپوری

اُردو کے اوّلین گیان پیٹھ انعام یافتہ قلم کار فراق کی پیدائش ۱۸/اگست ۱۸۹۶ء کو گورکھپور میں ہوئی، ان کے والد گورکھ پرشاد بذات خود اچھے شاعر تھے اور عبرؔت تخلص فرماتے تھے۔ ان کا شمار گورکھپور کے مشہور اور ممتاز وکیلوں میں ہوتا تھا۔

فراقؔ صاحب کی ابتدائی تعلیم گھر ہی پر ہوئی۔ ان کے والد نے جو خود بھی اردو اور فارسی کے عالم تھے، ان کو اردو اور فارسی کا درس دیا۔ ابتدائی تعلیم حاصل کرنے کے بعد وہ گورنمنٹ جبلی اسکول میں داخل کیے گئے۔ ۱۹۱۲ء میں انھوں نے یہیں سے اسکول لیونگ سرٹیفکیٹ سکنڈ ڈویژن میں حاصل کیا۔ اور ایف۔اے۔ کرنے کے لیے میور سنٹرل کالج الہ آباد چلے گئے۔ ۱۹۱۵ء میں انھوں نے فرسٹ ڈویژن میں ایف۔اے۔ پاس کیا اور ۱۹۱۸ء میں الہ آباد یونی ورسٹی سے بی۔اے۔ اس امتحان میں انھوں نے پورے صوبے میں چوتھی پوزیشن حاصل کی۔ ۱۹۲۰ء میں تحریک ترک موالات کے سلسلے میں پنڈت جواہر لال نہرو اور فراق کی گرفتاری بھی عمل میں آئی۔ فراق اور ان کے دیگر رفقا کو آگرہ جیل بھیج دیا گیا۔ قیدیوں میں شعر و سخن کے

بہت سے شیدائی موجود تھے۔ جنھوں نے جیل ہی میں طرحی مشاعروں کی طرح ڈالی۔ پہلے مشاعرے میں جو طرحی غزل فراق نے سنائی اس کا مقطع یہ تھا۔

اہل زنداں کی یہ محفل ہے ثبوت اس کا فراق　　کہ بکھر کے بھی یہ شیرازہ پریشاں نہ ہوا

۱۹۴۶ء میں رباعیات کے مجموعے 'روپ' کی اشاعت عمل میں آئی۔ 'روپ' کی رباعیاں حسن وعشق کے باہمی ربط کے گوناگوں پہلوؤں، کیفیات ومشاہدات اور بشری تجربات کا نچوڑ ہیں۔ فراق کے نزدیک انسان بشری تقاضوں کو ٹھکرا کر اوتار نظر آنے کی کوشش کرے تو اس طرح اس کی شخصیت کا صرف ایک رخ جو پاکیزگی وطہارت سے عبارت ہے اجاگر ہوسکتا ہے لیکن انسان کی شخصیت جو مادی زندگی کے تجربات اور ان کے سرد وگرم سے گزرتی ہے، زیادہ پہلو دار اور توجہ طلب ہے۔ اُن کے شعری مجموعوں میں 'روحِ کائنات'، 'مشعل'، 'شبستاں' اور 'گل نغمہ' شامل ہیں۔

فراق گورکھپوری نے ۱۹۸۲ء میں وفات پائی۔

رُباعیات

(۱)

شاعر ترے جس وقت صدا دیتے ہیں
سوئے ہوئے سپنوں کو جگا دیتے ہیں
آفاق کے مندر میں وہ نغمے ان کے
رہ رہ کے گھنٹیاں بجا دیتے ہیں

(۲)

گویا جنت نے جام چھلکایا ہے
جس گل کی نظر پڑی ہے شرمایا ہے
کس کے لیے پچھلی رات روئے ہو فراق
چہرہ جو دمِ صبح نکھر آیا ہے

(۳)

الفاظ کے پردوں میں، کرو اس کا یقیں
لیتی ہے سانس نظمِ شاعر کی زمیں
آہستہ ہی گنگناؤ میرے اشعار
ڈر ہے نہ مرے خواب کچل جائیں کہیں

(۴)

غیر کو ستا اداس کر دیتا ہے
احسان بھی بدحواس کر دیتا ہے
انسان کا جذبۂ تشکّر ہمدم
اکثر مجھ کو اداس کر دیتا ہے